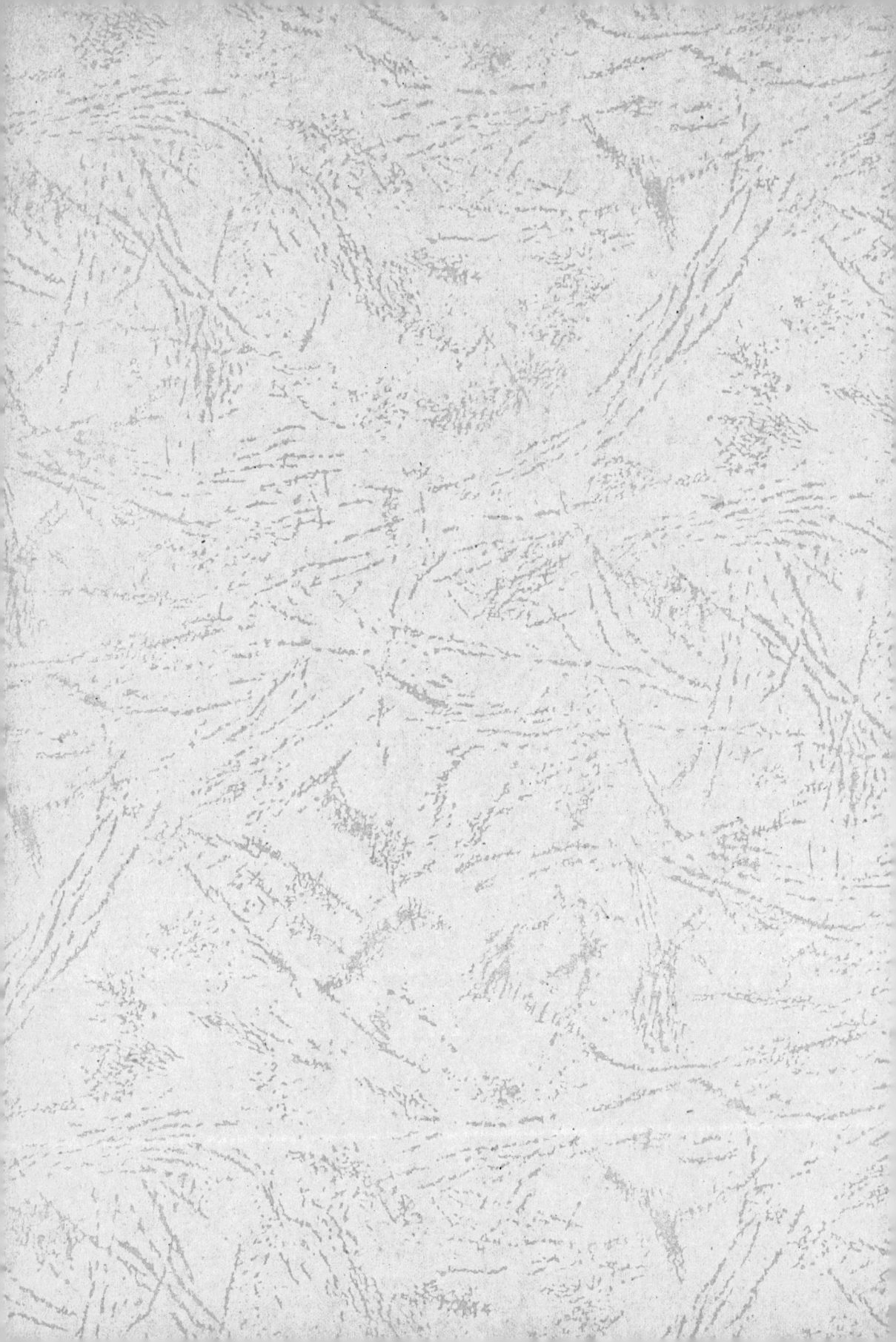

ZHEJIANG
private placement
Speculates in the stock market
The best reference

浙江私募

炒股宝典

吴海渤 ◎ 著

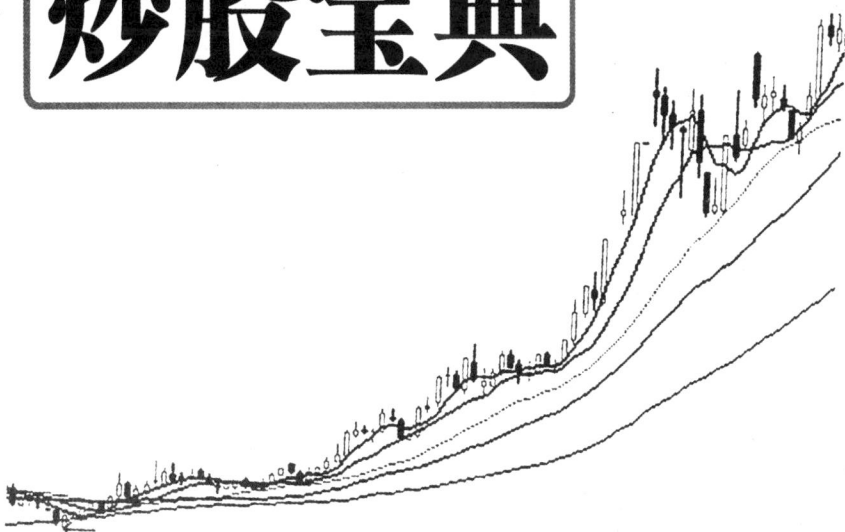

企业管理出版社
EMP ENTERPRISE MANAGEMENT PUBLISHING HOUSE

图书在版编目（CIP）数据

浙江私募：炒股宝典/吴海渤著.—北京：企业管理出版社，2010.1

ISBN 978-7-80255-357-6

Ⅰ.浙…Ⅱ.吴…Ⅲ.股票—证券投资—投资技巧—中国 Ⅳ.F832.51

中国版本图书馆 CIP 数据核字（2009）第 221560 号

书　　名：浙江私募：炒股宝典

作　　者：吴海渤

策划编辑：李　靖

责任编辑：李　靖

书　　号：ISBN 978-7-80255-357-6

出版发行：企业管理出版社

地　　址：北京市海淀区紫竹院南路 17 号　邮编：100048

网　　址：http://www.emph.cn

电　　话：出版部（010）68414643　发行部（010）68414644

　　　　　编辑部（010）68701891

电子信箱：80147@sina.com．zbs@emph.cn

印　　刷：北京智力达印刷有限公司

经　　销：新华书店

规　　格：170 毫米×240 毫米　16 开本　12.25 印张　163 千字

版　　次：2010 年 1 月第 1 版第 1 次印刷

定　　价：32.00 元

前　言

怎么吃核桃，我想很多人都知道。如何破坏核桃表面坚硬的外壳吃到核桃仁，大家也有很多方法，有人会用石头砸，有人会用门来夹，有人会用牙齿咬，有人会用核桃夹子夹……方法各种各样。但是如果不是用这些方法，就把核桃咽下去，我们脆弱的胃是很难消化坚硬的核桃皮的，同样我们的舌头也体会不到核桃仁滋味的美妙。

吃核桃是一个普通，但却又发人深省的问题。如果没有合理的方法，大家很难吃到核桃仁。

炒股票也如此，如果一味盲目蛮干，只能是像吃核桃一般，把一个没有剥皮的核桃往下咽。如果使用合理的方法对一只股票的现状作出判断，对其未来走势进行推测，那么你通过买进和卖出来赚取到差价的概率将会很大，这也就是很多炒股高手提倡的高胜算操盘。也就是说，通过合理的方法提高你操盘的胜率，让你的利润增加。

做任何事情都一样，方法是非常重要的。

股票起源于西方，在股票这只可以交易，但是不能退款的白条出现后，人们疯狂地通过交易来试图赚取差价，其中一些善于思考的聪明股民总结出了很多实用的股市理论和炒股方法，例如道氏理论、波浪理论、江恩理论、均线、趋势线等，这些发源于西方的股票理论都很有用，但是却都有缺点，没有一种理论能让股民百分百赚钱。后来西方有人在日本发现了蜡烛线，也就是K线，他在研究之后把K线介绍给了全世界人民，但是K线和西方的技术分析方法一样，同样不能百分之百地让股民赚钱。

虽然这些西方和东方的炒股方法和理论都不能保证股民百分之百地赚钱，但是还是被很多人学习、使用和研究，一直流传至今。因为如果你深入地学习这些方法，并且合理地使用的话，便可以提高你操作的胜率，也就可以实现高胜算操盘。炒股票，你可能操作十次，其中总有那么几次是失败的操作，但是这十次操作过后，总体上你却赚了，很多次操作之后你必然发财致富。高胜算操盘，是每个炒股高手追求的最高境界。

如何实现高胜算操盘，让自己实现财务自由？学习这些东方和西方的股票理论和方法是一个不错的选择。在我们这只浙江的无名私募中，股票高手云集，他们都能实现高胜算操盘，赚取大把的钞票，大都是在学习了炒股的理论和方法之后，把学到的这些东西运用在自己的日常操作中，天长日久地实践操作之后，形成自己独特风格的操盘手法。我们使用浙江民间没有赚钱门路的闲钱来投资股票，为他人，为老板，也为我们自己赚取金钱。

买卖股票的过程是一个残酷的博弈过程，价格的涨跌是资金激励拼杀的结果。要想通过买卖股票获得成功是不可能的，因为没有天才。我所遇到的炒股高手，在炒股这条路上无不是付出了艰辛的努力之后才获得了成功。但是，所有的人几乎都有这样的共同点，那就是他们在寻找炒股赚钱法宝的过程中，最后都是在学习了西方和东方的这些股票技术分析的方法之后，经过不断地实践，最终才领悟了炒股赚钱的方法，形成自己的一套看家本领。而他们的看家本领，也就是炒股赚钱的方法，并且都是以这些股票技术分析的方法为基础的。

·当然，进行价值投资，通过数年长线买卖赚钱的投资者不属于我所讲到的这些人。对大部分股民来说，想通过短期股票差价赚钱，学习各种股票技术分析的方法非常重要。应朋友的邀请，我在闲暇之余写了这本书，想通过本书来介绍我们这个私募团队炒股赚钱的方法，这些方法也是普通散户炒股最实用的方法，这些炒股的实战方法不能保证你百分百地赚钱，但是绝对是高胜算的炒股方法。

历史的经验告诉我们，古代中国手工作坊中师傅对于各种技术经验传子不传女带来的只是技术的停滞不前，而当代社会知识的广泛传播反而推动了技术的进步和知识的更新，带来了社会的大发展和个人财富的增加。非常欢迎对股票规律有深刻认识的朋友和我交流。

而这些方法，我希望读者可以"会其神"而不是简单地在平时的操作中死搬硬套。领会这些实战方法中的道理，在以后的炒股中灵活使用才能有很好的收益。这一点和学习其他知识是一个道理，也非常的重要。

　　随着中国国力的增强，中国金融必然大发展。可以断言，实体经济增强带来股市的繁荣，中国股市将来必然催生更多富翁，也许你就是其中的一员。

吴海渤

2009 年 9 月 20 日

目　录

第一章

狙击大黑马，只做第一等人

浙江，改革开放后很多人从这里走出去，去外省、去海外，带着浙江人特有的吃苦精神和精明出去，赚回了大把的钞票。

股市，被创造的目的是为了给实体经济融资，进而促进实体经济的发展。但是，在实现融资功能的同时，股票可以被人们交易。交易使价格产生了波动，价格的涨跌带来了利润。交易是资金的重新分配。社会的二八定律注定了很多人是带着金钱和梦想来到股市，最终却只能带走遗憾。也注定了有一少部分人要在股市的战斗中实现自己的梦想。

有人说，在现代社会，用体力赚钱的人是第三等人，用脑力赚钱的人是第二等人，而用钱赚钱的人是第一等人。

私募靠着自己对股票的理解、技术和勇敢，以及投资人对私募团队的信任，在股市战斗，赚取金钱。用钱赚钱，用钱来实现别人和自己的财富梦想，做第一等人。

用钱赚钱，做个第一等人，从来都不是件容易的事情。为了得到比别人更多的快乐，需要付出比别人更多的努力。

要做第一等人，要做股票赚钱，首先必须学会不怕和不贪。

第一节　做股票，要不怕、不贪

1999 年 5 月 18 日之后，申通地铁（600834）这只股票开始持续放量，我把它放入我的自选股。经过半个月的追踪观察，6 月 4 日申通地铁开始在短暂缩量回调后重新放量，并急速上扬，6 月 8 日放量创出新高。将走势图（如图 1-1 所示）缩小后，我高兴地发现，申通地铁在这一天已经走出了一个完整的放量突破长期压力线，然后回抽确认的走势，现在又创出了新高，而且 macd 呈现经典的 0 轴起飞，于是我开始建仓买进。

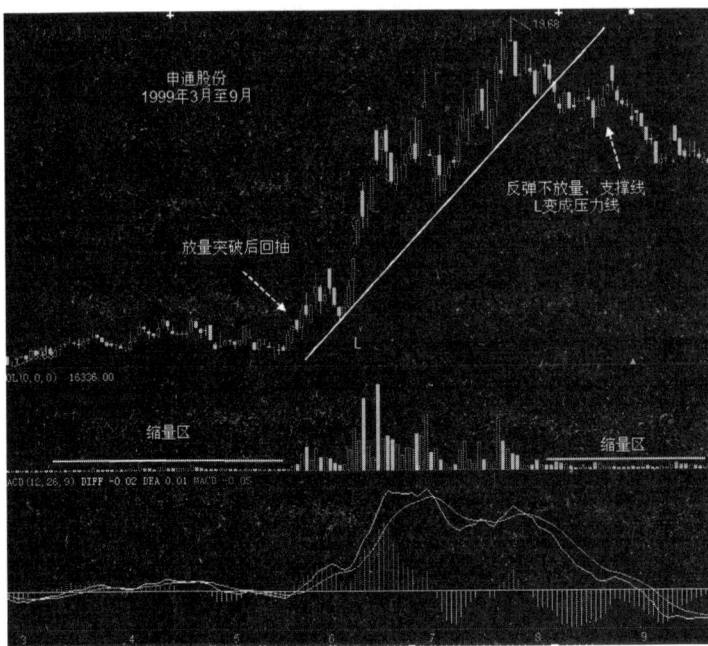

图 1-1　申通地铁走势图

接下来的几个交易日，申通地铁加速上涨，连创新高，我的账户中的资金开始不断增加。

6 月 15 日，主力跳空高开低走，当日巨量收大阴线。可怕的巨量大阴线给人一种主力出逃，要短期见顶不祥的预感。

而当日上证指数，高开低走，明显放量走出了大阴线。申通地铁加速上涨后到 6 月 15 日已经接近底部的两倍区，这个时候积累的获利盘已经很多，再往上涨抛压已经很重。在大盘走出一幅放量见顶的走势后，获利盘难免随之纷纷涌出。而 6 月 15 日这一天，申通地铁的主力跳空高开，只不过是和大盘共振而已。在大盘放量和主力拉升失败吃掉众多抛盘的作用下，申通地铁当天也放出了巨量。

看到巨量上冲失败，这个时候我也选择了减仓。

　　申通地铁短暂调整之后，6月29日再次放量上冲，在大盘平稳的情况下上冲失败，走出了带长上影的倒铁锤见顶K线。此时大盘平稳，但申通地铁却再刚刚调整后出现见顶K线，可见上方的抛压盘有些重，主力在这个时候选择了下跌洗盘，我也选择了再次减仓，等调整后再进入。

　　上证指数在1999年7月1日短期见顶，一路下跌，而申通地铁在7月6日调整到位后继续上涨，但是步履蹒跚，成交量不如前一阶段放量上涨时。并且每日收盘后的K线大都带有长影线，给人一种控盘不够牢的感觉。鉴于大盘再次步入漫漫熊途，在申通地铁跌破支撑线L后，我选择了全部清仓出局。这段操作，我至少获得了50%的利润。

　　申通地铁随大盘开始下跌。直到2000年4月中旬，我在收盘后做功课的时候惊讶地发现申通地铁连续放量突破了从1999年7月开始形成的压力线，并且在2000年5月初放量翻越压力线后进行短暂地回抽压力线确认。从2000年4月底我开始分批买进，到5月10日建仓完毕。

　　突破压力线后申通地铁一路上涨，7月19日除权之后又开始了轰轰烈烈地填权行情。股价复权后一路上飙到了57.72元，如图1-2所示。

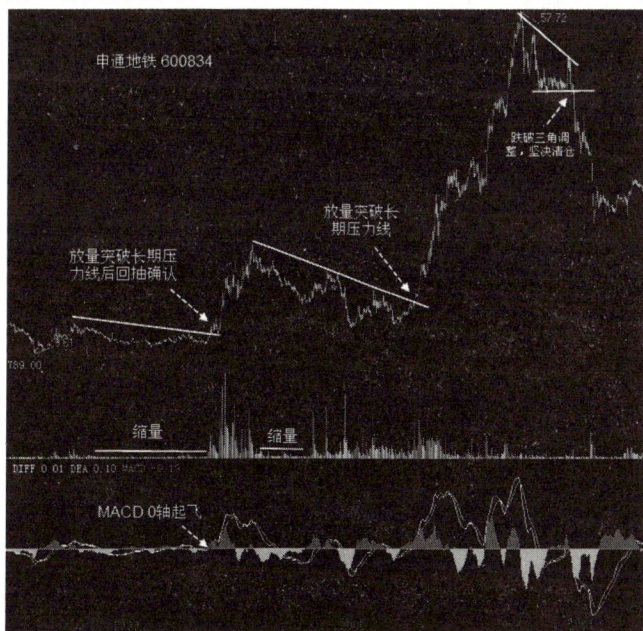

图1-2　申通地铁上飙到57.72元

9月底后，这只股票开始下跌，并且下跌中的成交量没有之前7月中旬调整时的大，量价背离，预示着这只股票在上涨了几乎4.5倍后到头了，于是我开始有目的地在10月中旬进行了几次减仓。

2000年12月15日的一根大阴线宣告了这个股票三角调整后的结果。在破位后我果断地清仓出局。之后这只股票连续下跌四五年，直到2005年7月下跌到了4.41元才见底。

在狙击申通地铁这只大黑马的过程中，如果我过分恐惧，那么这只股票的每次调整我都可能出局，即使我坚持持有到了19.68元后获利平仓。那么1999年下半年开始的漫长下跌调整，数次的反弹如数失败，都会让人心寒，让人不敢再去碰这只股票。

如果我过分贪婪，在19.68元后或是在57.72元后继续持有都会让利润大打折扣。甚至19.68元后的漫长下跌，会让利润全部化为乌有。

可见恐惧和贪婪是利润的天敌。而如何才能不怕，不贪？

要不怕、不贪必须做到以下两点。

（1）合理的止盈和止损。

（2）会判断底部和顶部。

做到以上两点，在对行情判断正确的时候，会按照自己的计划合理地买进和卖出。在判断失误的时候，及时地止损和止盈让自己的损失最小化、利润最大化。这样做股票才能不怕、不贪。

➡ 第二节　止盈和止损

止盈并不是说卖掉上涨中的股票。

如果设定的赢利预期是上涨两倍，那么到这个股票达到你的赢利预期之后，如果股票继续上涨，这个时候你要做的并不是止盈而是坚持持有。如果这只股票后来又开始掉头向下，或是没有达到你预期的上涨两倍的时候就掉头向下，这个时候你要利用你熟悉的技术分析方法作出判断，判断这次是短期的调整还是反转成下跌趋势，如果判断为调整那就坚持持有，当股票实际走势并不是你判断的调整走势或你判断的下跌趋势，那你就应该果断地获利平仓，不让自己的利润继续减少，如图 1-3 所示。

对于没有多少利润的股票，可以不用设置止盈位。

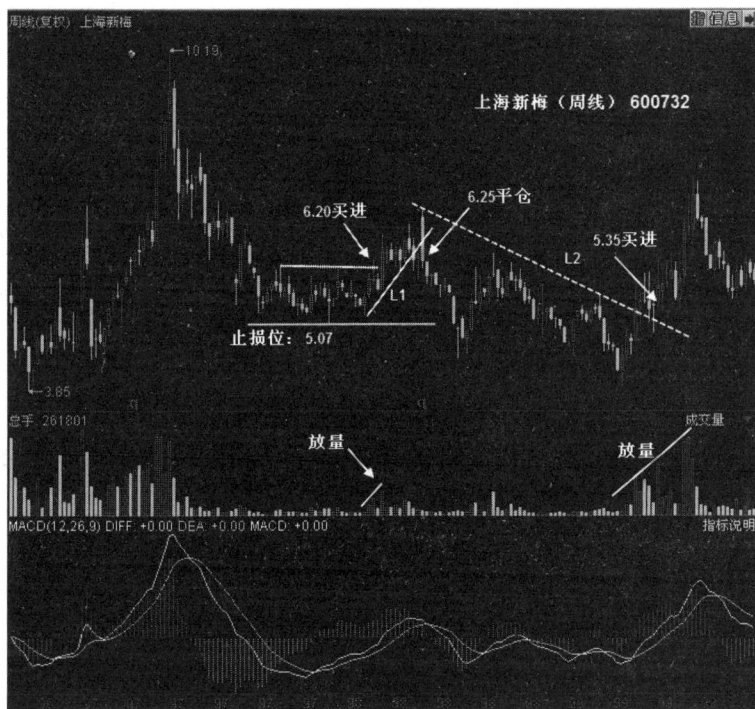

图 1-3 止盈示意图

止损一般会设定在 25% 左右，也有设定在 30% 的。但是设定的这些数字都是亏损的一种极限，当亏损到了这个程度，一定要割肉出局。也许不幸把肉割在了底部，但要减少这种不幸的发生，学习各种技术分析的方法来帮助你作出合理的判断就是必要的。当然，如果明确判断这只股票没有任何上涨希望，那可以在设定的止损位之前平仓。

1998 年 4 月中旬，上海新梅从周 K 线上看，放量突破了从 1997 年底以来形成的横盘整理区。在发现这种放量突破长期盘整区的股票后，我们在 6.20 元附近快速建仓。鉴于对大盘反弹的预期，以及前期的技术形态，我把止损位设在了 5.07 元，也就是周 K 线上十字星下影线的最低价处，因为这个位置是一个调整区的最低价，大多数多头最后的防线，空头逼近这个位置，将引发多头最后的殊死抵抗。如果空头击穿这道防线，这只股票向下将再无多少阻力，如图 1-4 所示。

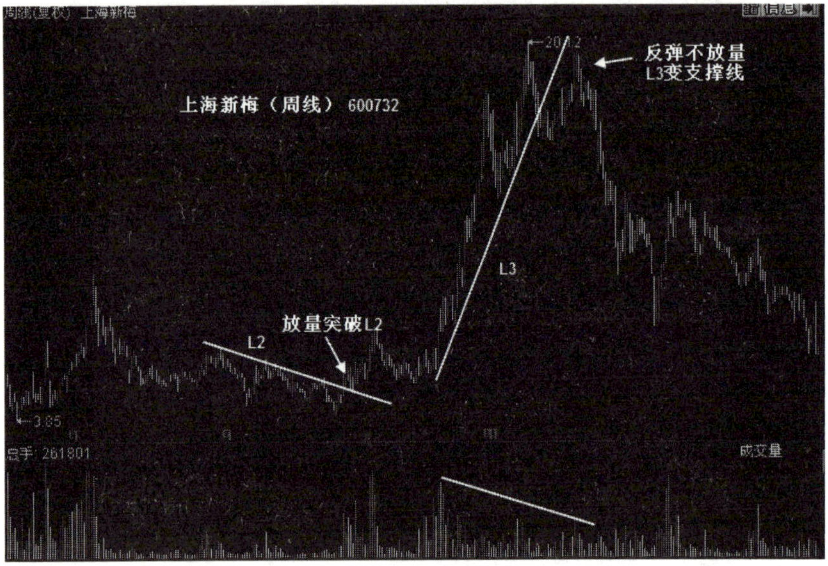

图 1-4   止损示意图

建仓之后这只股票量能一度萎缩，最高上冲到 7.22 元就开始缩量下跌。

上涨阶段放出的一堆成交量和历史上上涨阶段的量能堆相比太小，多方实力明显不够强大。于是在下跌逐渐吞噬我的利润的过程中，我便开始减仓，直到 6.25 元全部清仓出局。

后来这只股票继续下跌，直到 1999 年 5 月底才跌到底部 3.99 元。而后开始反弹，放量翻越了下跌形成的压力线 L2，在 5.35 元附近我们再次建仓，鉴于这只股票持续放出了很大的量能，而且前面下跌的时间较长，有两年之久。建仓后我把这只股票的止损位设置在了 4.5 元。也就是底部周 K 线的收盘价。因为这些敏感的价位往往会鼓励多头的士气。

在短期上涨上冲至 7.84 元后，上海新梅调整了 3 个月左右，在周 K 线上以缩量的十字星见底后进入主升段，复权后最高上涨到了 20.12 元。当反弹不再放量后，我们把止盈位设置在了 17.4 元，因为这个位置是跌破了支撑线 L3 之后的位置。最后我们在 17.4 元附近平仓出局。此股也进入了漫漫熊途。

合理地设定止损和止盈有以下几个原则。

（1）在买入股票的时候先设定一个止损位。这个止损位并不意味着股价跌到的时候才可以平仓出局。如果在跌到止损位之前，股价发生反转进入下跌趋势，就可以提前平仓。

（2）当股价上升了一段之后下跌，这个时候就有必要设定止盈位。如果下跌到止盈位，坚决平仓出局。如果股价在下跌到止盈位之前能确定是下跌趋势，可以提前平仓，以保住利润。

（3）不卖出上升趋势中的股票。

（4）要合理地止盈和止损及最重要的判定趋势是否反转。

要会判定趋势是否反转，不能靠臆断，只能利用现有的一些技术分析方法和股市的一些经典理论来提高判定的准确率。例如道氏理论、波浪理论、魔山理论、K 线、均线、技术指标、支撑、阻力和缺口等。

注意，所有这些技术和理论都不能百分百地正确预测股价的走势，但是却能够提高胜率。而提高胜率这点非常重要，一个股票高手，往往是一个胜率很高的投资者，但并不是每次都可以百分百获利。在上海新梅的例子中我们就利用了跌破长期上涨形成的支撑线来决定止盈。

另外，止损大致有三种类型，但是实际使用的过程中往往是三种类型的混合使用。

1. 重要支撑或阻力位被击破后止损

这里所说的主要支撑或阻力位包括长时间的成交密集区、较大范围内的价格高点或低点、支撑线、阻力线、均线等。

但是使用这种方法有不可避免的缺点。一些主力和机构对一个股票高控盘之后，往往反其道而行，击穿重要阻力位置之后，再以迅雷不及掩耳之势拉出主升段。另外均线被击破后止损成功率比较低。

2. 百分比止损

设定当亏损达到本金一定程度的时候止损，一般是 5%～25%。一旦亏损达到这个极限值，就要坚决平仓出局。

这种止损方法的缺点是过分地死板，很难确定到底百分之多少止损比较合理。一些高手通常的做法是在自己的操作中根据操作风格不断地验证，寻找一种最优的止损额度。

3. 自己的忍耐

忍无可忍，割肉出局，这是很多新手的做法。但是随着经验的增加，低手变成高手，很多高手却捡起了这个最简单的工具使用。经验十足的股票高手，往往能凭借此招赢利。使用此招，最好是经过很多次的锻炼，证明自己的感觉大都是对的。

第二章

炼 金 术

私募也和广大的散户一样，不能在重组等重大利好消息发生前得到此消息，耳边不停响着的，也是一些市场上让人很难辨清真伪的小道消息。

但是，长期认真地学习、刻苦地训练和用心地研究，让私募团队的每一个操盘手都形成具有自己独特风格的获利方法。这些各不相同的操盘技巧，却有着一个共同的特点，那就是我们坚持认为股票的价格包含了一切，历史总是在不断地重演，但我们只按照对图表进行技术分析的结果来炒股赚钱。

统计学中的画法统计学要求使用过去的数据制作成图表，来对数据进行归纳、分析和推测。技术分析本身就是属于统计学范畴，近年来就有不少技术分析的爱好者对现有已经形成的各种技术分析的方法进行科学研究。天气的变化可以预测，相信随着金融分析技术的不断发展，总有一天股市的走势也可以像天气一样进行预测。当然，现阶段技术分析的方法都还只能帮助使用者提高成功的概率，无法百分之百地让使用者获益。但是，多年的操盘实践证明，全面地掌握技术分析的手段，刻苦地训练，再加上个人的一些天赋，是能够在股票市场上取得成功的。

总之，技术分析是股票市场的炼金术。而技术分析本身是对价格、成交量和时间形成的图表的分析。所以，要学好技术分析，必须会读图，从图表炼金。

⇒ 第一节　点着蜡烛找宝藏

经典的股市教科书中关于 K 线的论述非常值得大家学习，但上面所有的规律都是来自古代日本和现代西方金融市场。中国股市有自己的特色，例如只能买涨不能买跌，而西方的股市、期市大都可以做空。中国的股市有涨停板限制，而西方大都没有，日本古代的米市也没有。

经过多年对 K 线经典理论的使用，我们发现 K 线中的很多东西很有帮助，但是也有很多东西在中国股市完全没有任何作用。中国股市中庄家往往会使用大家都知道的 K 线理论来制造假象，达到自己吸筹、洗盘或是出货的目的。例如，主力在收盘的时候利用这段时间交易清冷，卖盘很少，迅速吃掉很少的卖单，将股价短时间拉高，让当日原本应该收阴的 K 线收成阳线，以掩护自己出货。或是在盘中瞬时将股价拉高，让当日 K 线留下长长的上影线，让人感到一种冲高无力，以吓阻多方，进行洗盘。

K 线的经典理论在中国股市很容易被庄家利用，但是这些经典中的一部分，如果使用在月线或是周线中，效果会很好。有些甚至在日线中也可以使用。这里我把我们团队总结出来的 K 线实战战法介绍给大家。

学习 K 线是学习技术分析的基础，如果没有学习过 K 线的知识，那么可以先读读《日本蜡烛图》等经典，然后再来学习这里要介绍给大家的 K 线实战战法。

一、K 线探底

（一）出水金大阳

☑ 战法规则

（1）金大阳是超过 10% 涨幅的大阳线；

（2）金大阳出现前，股价调整时间超过一个月；

（3）金大阳出现时成交量变大，金大阳的实体部分超越了横盘价格带；

（4）这种金大阳一般出现在周线或是月线中。

☑ 战法灵魂

长期的横盘位置积累了大量的筹码，如果要选择突破调整区上涨或是下跌，需要很大的做多或是做空的力量。这时候如果出现"出水金大阳"走势，说明主力做多决心坚定，冲出调整位置，正式进入主升段。这种走势在日线中也有，但是主力经常在冲出调整区不久又开始洗盘动作，新手非常容易被洗出来，等看清楚是主升段的时候股价已经高高在上，大多数股民都会恐高而不敢买进，所以如果在周线或是月线中观察股票走势，使用"出水金大阳"进行操作更佳。

☑ 实战战例

天目药业（600671）在 2006 年 5 月初开始放量上涨，6 日突破了长期的三角调整区。主力要拉升一只股票，必然经历了长期的吸筹和洗盘，付出了巨大的精力和金钱，拉升的时候又岂能容得跟风盘前来抢自己口中的肥肉。天目药业的主力也不例外，刚刚冲出盘整区就将 10 日和 11 日的日K 线图做成了顶部形态的十字星和流星线，给人一种突破失败的假象，如图 2-1 所示。

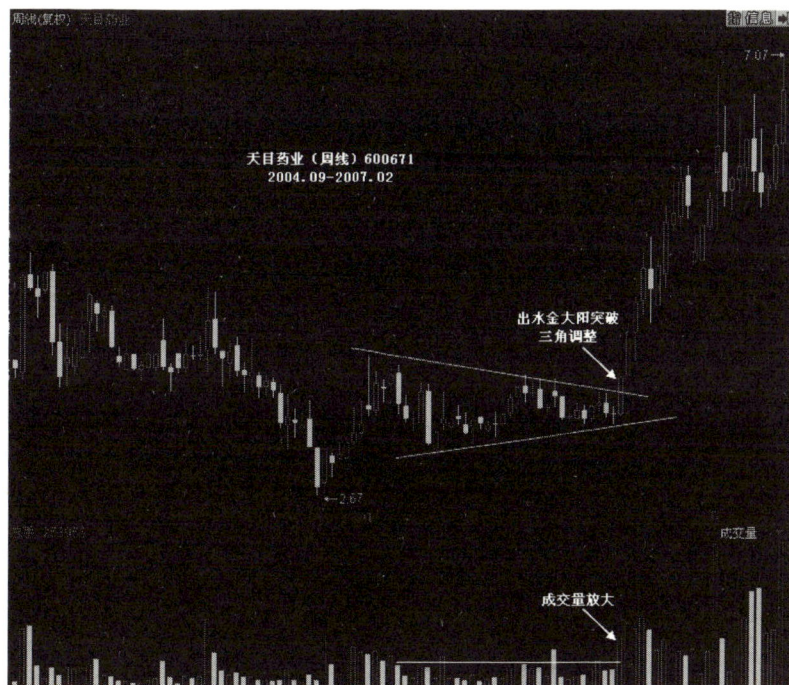

图 2-1　天目药业周线

但是主力制造一天的假 K 线容易，想在周线图上制造一根假 K 线却非易事。打开周线图看，5 月 12 日之前的周线图上，大阳线放量突破了三角调整区，势如破竹，完全符合我们"出水金大阳"的战法规则。5 月 15 日，我们团队开始买进，一天之内就建仓完毕。

15 日当天，买盘异常活跃，但是收盘的时候主力还是大做文章，趁着收盘时买单较少，用很少资金就让本来光头光脚的阳线带上了一个不小的上影线，用来吓阻次日的跟风盘。这也是主力惯用的一种威力比较小的洗盘手法。

在拉升过程中更是边拉边洗，不给跟风盘任何买进的理由。天目药业的主力操盘手法异常凶狠。但是都被我们使用的各种方法一一识别，最后坚持持股到 10 元左右。

（二）地量小 K 线

☑ **战法规则**

（1）周换手率 4% 以下；

（2）周振幅在 10% 以下；

（3）之前至少有 30% 的跌幅；

（4）前面跌幅明显放缓，表现为趋势线下降角度变小，甚至转变为上升。

☑ **战法灵魂**

股价在大幅下跌的时候，场外资金会继续观望，等待股价站稳，而持筹的套牢者在股价下跌到一定区间的时候对于过低的股价会有很强烈的惜售心理，所以这个时候就会出现交易异常冷清的一段时间，表现在走势图上为成交量非常低，而且股价因为交易冷清所以在这段时间的波动非常小。因为股价在这个范围波动很小，所以场外资金便会认为股价企稳，可以买进。所以下跌过程中周线发生"地量小 K 线"的时候股价很容易反转上升或是反弹。

☑ **实战战例**

太极实业（600667）在 2007 年 7 月到 2009 年 7 月的 K 线图中，在 A、B、C 三点都出现了换手率小于 4%，振幅小于 10% 的"地量小 K 线"，并且前面的跌幅都超过了30%。

在A点之前，股价从14.36元的高点下跌，四周的跌幅超过了30%，之后开始企稳回升，阴线出现了地量，说明这个时候大家对股价继续下跌并不认同。在交易冷清的时候，地量后出现了放量的阳线，这个时候说明多方进场，推高了股价，我们团队也选择在这个时候买进，如图2-2所示。

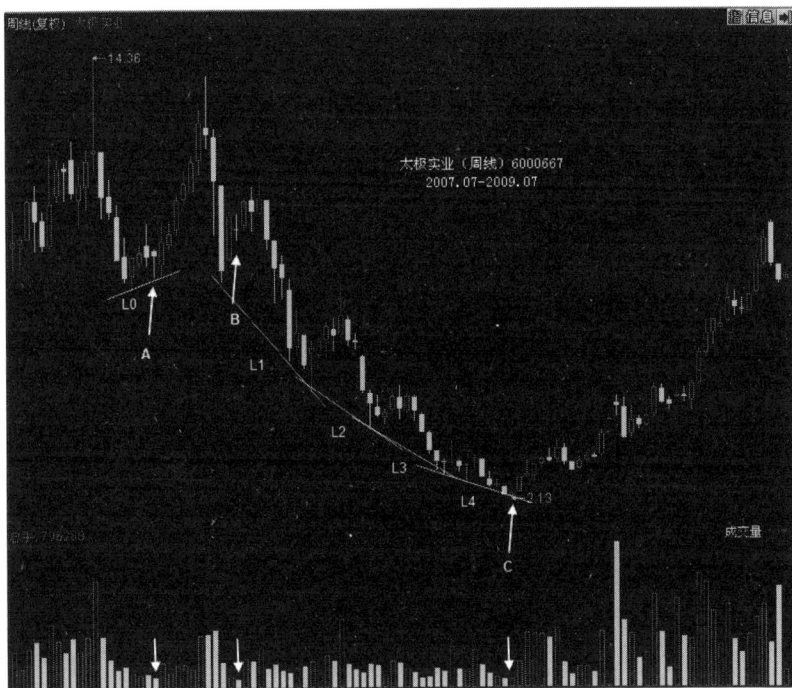

图2-2 太极实业K线图

因为连续的上涨后成交量并没有继续放大，所以这次上涨只能是判定为一次反弹，波浪理论中失败的第五浪也常常是成交量萎缩。在周线出现了带长上影线的十字星后，我们果断卖出。

B点虽然也符合"地量小K线"的战法规则，但是A点开始的上涨没有再创新高，而且成交量没有放大，前面的涨幅已经过大，所以我们判断太极实业一个以年为单位的主升段已经结束，所以B点我们没有参与。在B点出现"地量小K线"后，股价大概反弹了10%左右。

B点反弹后，太极实业经历了漫长的下跌过程，下跌由急变慢。到2008年11月的时候，在C点，再次出现了"地量小K线"，并且地量之后成交量放大，股价上涨。由于已经下跌了一年多，并且下跌幅度很大，从14元多变成了2元多的廉价股，这个时候又出现了"地量小K线"，所以我们大举买进。到本书结稿时，此股还在上升段中，我们仍然持有此股。

（三）双针探底

✔ 战法规则

（1）连续两个长下影线的周K线，并且两次最低价很接近；

（2）这两个周K线的实体不大；

（3）前面至少有50%的跌幅；

（4）符合以上三点的三针探底更好；

（5）出现双针或是三针探底后，下周反弹或是上涨的几率更高。

✔ 战法灵魂

十字星本来就是K线经典教材所提到的反转的一个形态，其下影线的出现，是因为当日股价下跌后又回升产生的。在实体不大的情况下，下影线说明多空双方经过了激烈的较量，最后多方收复了空方原来占领的下影线那一段的价格区域。在这个价格带上，是多方力量占优势的一个标志。如果空方两次，甚至三次都不能突破这个价格带，从而给每次的K线都带上了长长的下影线，那么空方的无能会给多方极大的鼓舞，股价也因此会发生反转上升。

✔ 实战战例

到2001年1月18日，从20.66元开始下跌的深发展A（000001）已经下跌了不止50%，接下来连续两周的周K线走出了两个实体很小、下影线很长的十字星，第二个十字星的最低价下探至7.01元，如图2-3所示。

这个时候我们的一个客户向我们咨询，他在8.1元附近买入的深发展如何操作，我们告诉他，像这种周K线走出双针探底的股票，可以继续持有等待反弹。

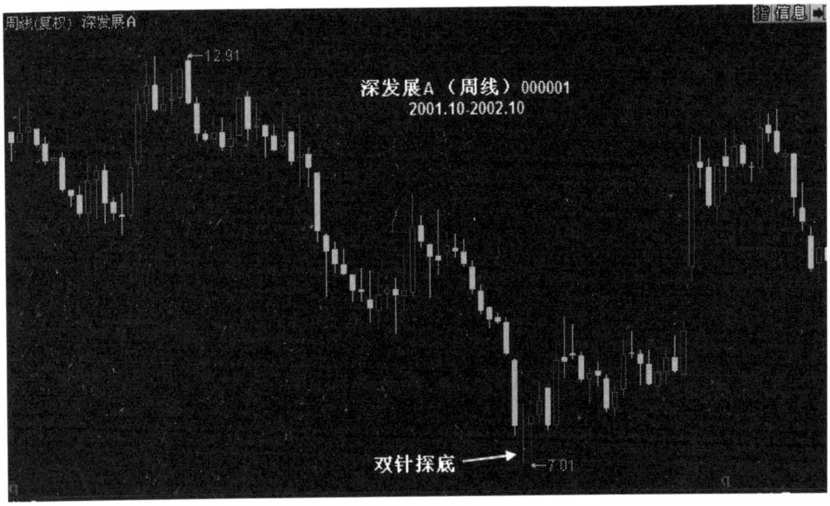

图 2-3　深发展 A 周线

在我们的指导下，我们的客户在 11.3 元附近卖掉。

（四）阳包阴和两阴夹一阳

☑ 战法规则

（1）阳线实体包住前面阴线实体的二分之一甚至更多；

（2）阳线和阴线实体都不宜过小；

（3）阳线开盘价不宜高过阴线收盘价；

（4）如果在阳包阴之后又出现了一根阴线，则构成两阴加一阳；

（5）周线、月线中阳包阴后会有反弹或是上涨的几率大，而两阴加一阳则下跌几率极大。

☑ 战法灵魂

阳线包住了阴线一半以上的实体，说明多方占领了上个 K 线中空方一半以上的阵地，这必然会极大鼓舞多方的士气，多方继续占优势的可能性非常大，日后的走势会出现反弹或是连续上涨。而如果在这种预期下却出现了一根阴线（股谚有云"该涨不涨必然大跌"），即出现两阴夹一阳后股价下跌可能性大。

15

☑ **实战战例**

川投能源（600674）在 2007 年 1 月到 2009 年 7 月的周 K 线走势图中，出现了三次阳包阴和两次两阴夹一阳。其中第三个阳包阴并不符合我们战法规则的第 3 条，阳线开盘价高过了阴线的收盘价。但是这个组合中的阴线下影线很长，如果把时间周期稍作调整，影线部分便会成为后面阳线的开盘价，这样的话，阳线的开盘价就会低于阴线的收盘价，我们在这里稍作了合理的变通。做任何事情都一样，你在不熟悉规则的时候是规则鞭策着你走、推动着你走，等你玩转了规则，深悟规则中的道理之后，你就不仅会使用规则而且还会创造规则。不过对于新手还是建议按照我们的战法规则来炒股。

在第二次阳包阴出现后，我们的一个客户给我们打来电话，询问他手中的川投能源能否继续持有，我们立即答复要他继续持有不动。最后此股最高上涨到了 41.35 元才见顶，比客户咨询时的价位翻了几乎三倍多，如图 2-4 所示。

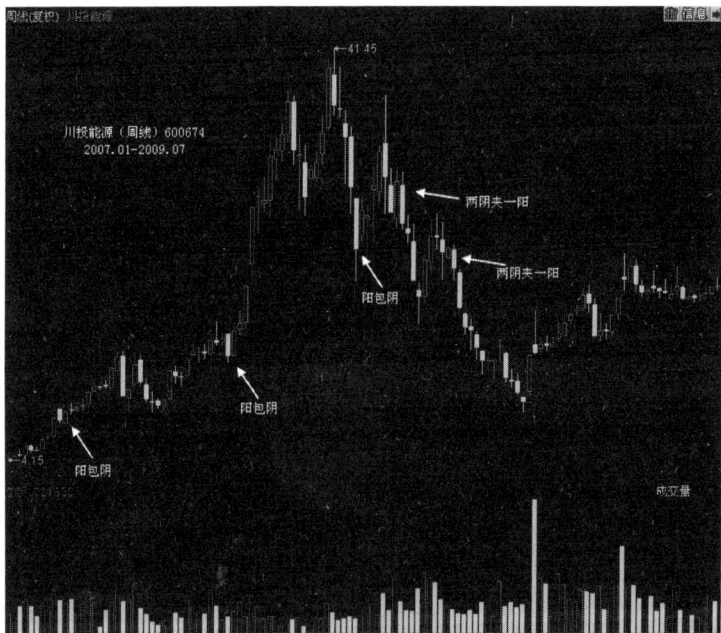

图 2-4　川投能源周线

而后面在出现两阴夹一阳之后，股价都有大幅的下跌，其再次证明了我们"阳包阴和两阳夹一阴"的K线战法的有效性。

（五）早晨之星

☑ 战法规则

（1）早晨之星至少由三根K线组成，第一根是阴线，中间一根是一个小实体的K线，可以是小阳线、小阴线或是十字星。最后一根是一个长实体阳线。

（2）早晨之星中间的K线也可以是几根并列的小实体K线，这几根K线几乎是横盘走势。

（3）中间K线有长下影线更好。但是如果各个K线带上影线则会将效果大打折扣。

（4）最后的阳线最好是放量的，并且成交量和实体越大越好。

☑ 战法灵魂

早晨之星是非常经典的K线反转组合，在日线中会成为一些非常凶猛主力的诱多工具，但是却很少有庄家在普通投资者不去关注的周线、月线中去骗线。如果骗线，庄家付出的成本会很大。所以周线以上周期股市走势图中的晨星非常有用。

☑ 实战战例

哈药股份（600664）从2007年9月到2009年7月的周线图中，出现了四次明显的早晨之星组合，在晨星出现后，股价都有涨幅。第一次和第三次的晨星组合中，第一个和最后一个K线上都带上了长上影线，我们的战法规则中讲过，如果晨星组合的K线上带上长上影线，就会将晨星的效果大打折扣。在这两次晨星组合之后，股价仅仅上涨了一两周，而且涨幅并不大。第二次的晨星组合虽然阳线放出的成交量并不大，但是长长的下影线成了晨星组合的倍力器，让它的效果大增。这次晨星组合也成为整个趋势反转的转折点。最后一次晨星组合发生一次复杂的调整之后，这次调整没有再创新低，而是以晨星组合宣告了再次进入上涨趋势，如图2-5

所示。

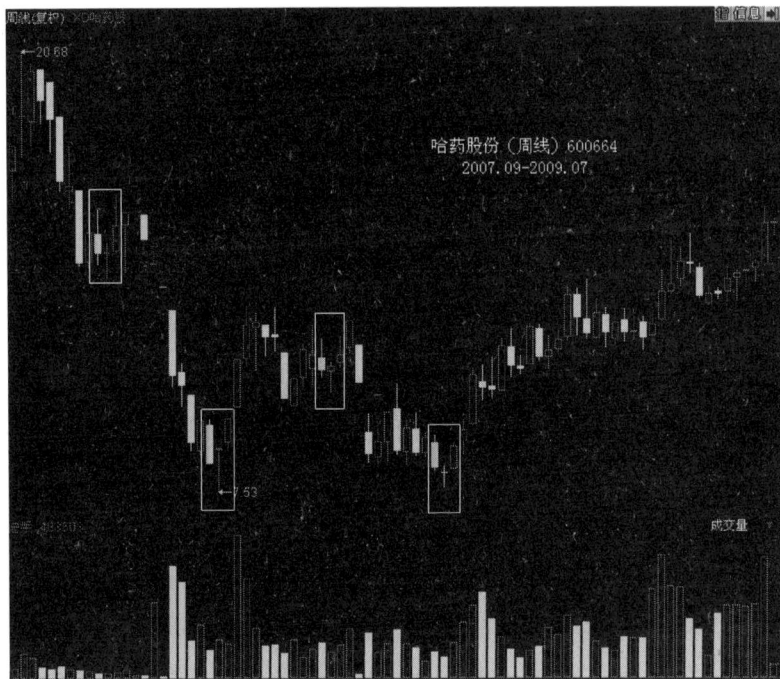

图 2-5　哈药股周线

我们的客户在 2007 年 9 月初买进此股后被短期套牢，他向我们咨询时已经是 11 月中旬，周线中的晨星组合已经出现，这个时候我们建议他继续持股待涨。本书写到这里的时候，他仍然持有此股，且已获利丰厚。

（六）上涨跳空

✔ **战法规则**

（1）跳空产生之前必须有一个小实体 K 线横盘整理的价格带；

（2）向上跳空的 K 线可以是阳线也可以是阴线，放量阳线最佳；

（3）小实体 K 线横盘整理时间越长，向上跳空后上涨幅度越大时发生反转的可能也越大。

☑ 战法灵魂

股价在一个价格带上横盘时间很长，意味着多空双方在这里发生了激烈的战斗，战斗中双方谁也不能战胜谁，这个时候如果一个 K 线跳空，超越了横盘的价格带，就说明双方大战的结果明确了，多方击败了空方，未来股价将会上涨。

☑ 实战战例

宁波联合（600051）于 2008 年 12 月连续在一个价格带上横盘调整，2009 年 1 月的第一根 K 线高开跳空，冲出了 12 月横盘调整的价格带，这个时候我们可以大胆预测宁波联合还会继续上涨，如图 2-6 所示。

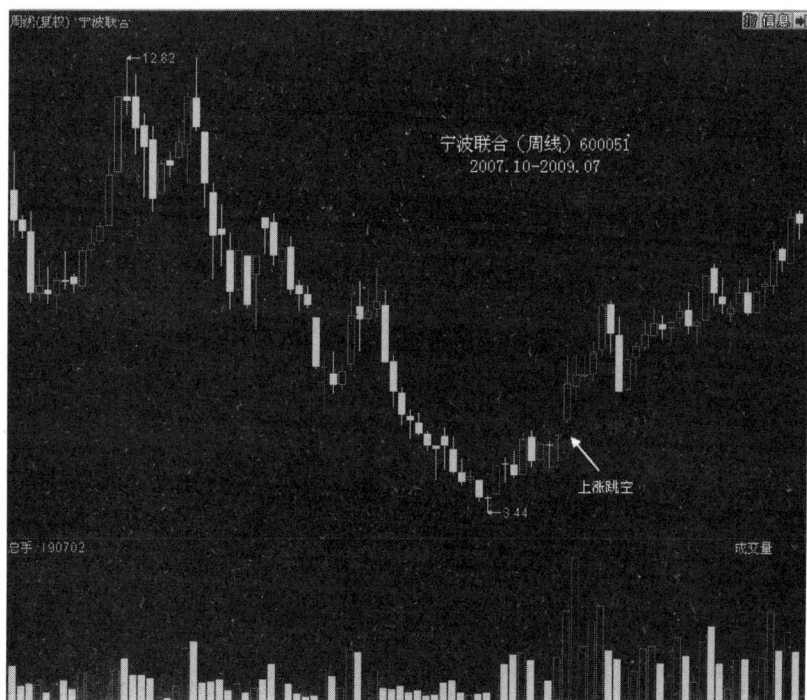

图 2-6　宁波联合周线

12 月我们在接到一位宁波本地客户要买进宁波联合的要求后，对此股进行了长期的跟踪，最后在宁波联合出现"上涨跳空"的周 K 线后我们帮

19

这位客户买进，在本书写到这里的时候，此股仍然走势稳健，我们仍然持有此股。

（七）阴孕阳

☑ 战法规则

（1）阴线实体必须要大，带下影线最佳；

（2）阳线实体要小，而且收盘价和开盘价必须在大阴线实体范围内；

（3）阴孕阳出现在周线或是月线中之后，反弹或是上涨的几率大。

☑ 战法灵魂

大阴线出现后，股价应该继续下跌，至少下一个K线的开盘价应该是低开的。但是有的时候开盘价却突然高开，甚至以阳线报收。但是整个阳线实体并不大。这是因为前面的大阴线让空方力量衰竭，这个时候多方的力量虽然不大，但是在空方力量衰竭后反而比剩下的空方力量相对要大。这个时候下跌趋势就有可能反转为上涨趋势。

实体不大正说明了多空双方都比较弱、斗争不是很激烈。

☑ 实战战例

有位客户在12.5元左右买进海信电器（600060）后被套牢，2008年2月初的时候股价最低跌到了11元多。2月6日，他在朋友的介绍下向我们咨询自己手中的海信电器股该如何操作。

打开海信电器的周线图，我们看到，海信电器在最高上涨到15.24元后就开始下跌，而且两周高达20%多的跌幅放出了巨大的成交量，阴线后的小阳线反弹并没有放出成交量来。这根小阳线高开高走，但最终没有突破大阴线的破坏范围，如图2-7所示。

大阴线和小阳线组成了典型的"阴孕阳"组合，但是阳线没有放量，所以我们可以判定，"阴孕阳"之后股价会上涨，但是没有放量的上涨只能是一次反弹，而且之前的涨幅已经很大，股价再上涨概率很小。所以我们建议这位客户解套就出。

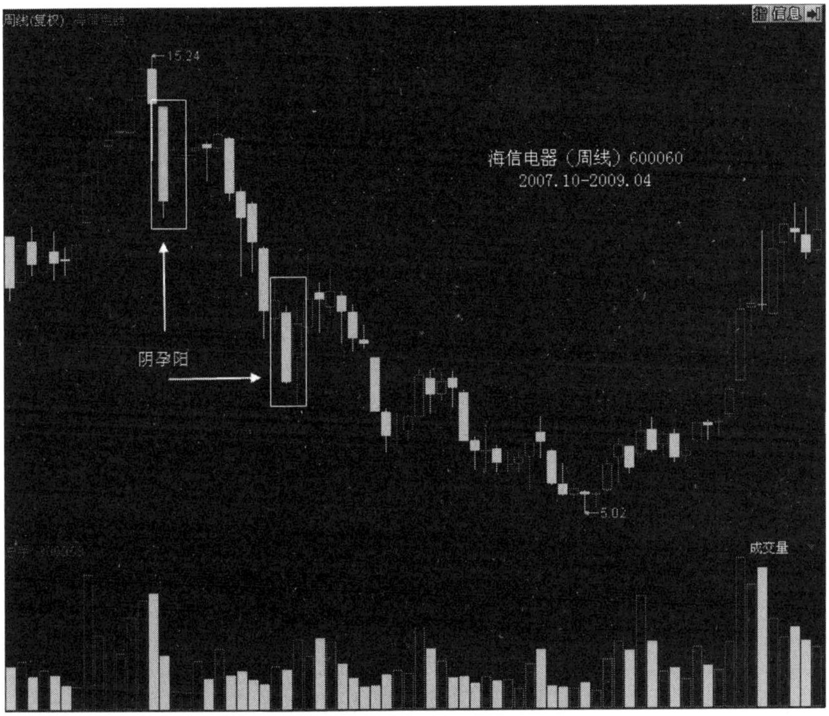

图 2-7　海信电器周线

在 2008 年 4 月中旬海信电器再次走出了"阴孕阳"，随后出现了短暂的反弹。我们可以看出，在大熊市中出现"阴孕阳"股价反弹的概率很大。

（八）底部铁锤

✅ 战法规则

（1）K 线实体部分很小，无上影线，下影线很长，形状看起来像个铁锤；

（2）在下跌过程中如果出现铁锤 K 线，则出现反弹或是上涨的可能性大。

✅ 战法灵魂

在下跌过程中如果出现了铁锤，在下影线部分，空方先是占领了大片的领地，但是多方突然反击，收复了影线部分的领地，最后 K 线的实体只剩非常小的部分仍然被空方占领。有的时候铁锤的实体部分压缩成了一条线，收盘价和开盘价并在了一起，这种形状会更加坚定多方的信心。另外下影线越长，未来反弹或是反转上涨的概率也会越大。

☑ 实战战例

我们的一个客户在 2007 年 6 月 22 日买进了 ST 金花（600080），他错误地判断当时金花上涨的趋势没有改变，之前的下跌只不过是调整。但是他买进后，此股的成交量不再放大，反而缩量阴跌。

2007 年 7 月 6 日他向我们咨询手中套牢的 ST 金花。打开 ST 金花的周 K 线走势图后，我们发现，ST 金花在经历了大幅下跌后，再次跳空下跌，到 7 月 6 日收市时，出现了一个跳空下跌的"底部铁锤"，这个时候我们建议他持股等待反弹。后来 ST 金花果然出现反弹，上涨到前期顶部之后，周 K 线出现了断头大阴线，这个时候我们及时通知他平仓出局。这个客户在我们"底部铁锤"的战术指导下，不亏反赚，后来还介绍了很多客户来让我们代客理财，如图 2-8 所示。

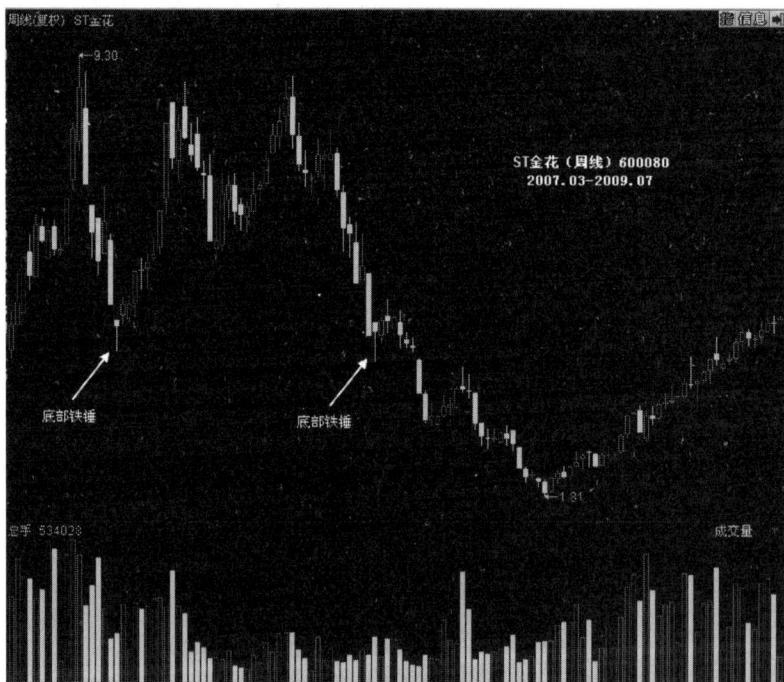

图 2-8　ST 金花周线

此股在 2008 年 4 月的下跌中再次出现了"底部铁锤"，但是因为放出的成交量并不是很大，所以反弹幅度没有上一次出现"底部铁锤"时的幅度大。

二、K 线逃顶

（一）断头大阴线

✔ 战法规则

（1）一般情况下，周线跌幅超过 15%，月线超过 20%。或是大阴线跌穿前一个 K 线实体部分很多。

（2）断头大阴线宣告了上涨趋势的终结，之后股价必然在断头大阴线的范围内反复振荡后下跌或是直接下跌形成顶部。

✔ 战法灵魂

股价在大幅上涨之后，股票价格已经泡沫化，价格远远偏离了股票自身的价值，这个时候进行买进的投资者要不就是在博傻，要不就是真傻。而这个时候持筹者也是警惕性非常高，一有风吹草动，马上就会变空军。

如果不是庄家高控盘的股票，在泡沫化的价位出现"断头大阴线"，一定会引起各种投资者复杂的心理变化，而这种变化的结果，就是导致股价的大幅振荡，振荡往往形成复杂并且持续时间很长的头部，或是干脆直接下跌，形成杀人不见血的尖顶头部。

✔ 实战战例

ST 东航（600115）曾经是我们在 2006 年到 2007 年重仓的一只股票，那个时候叫东方航空，还没有被 ST。到 2007 年 9 月底的时候，这只股票出现了一根跌幅达 19.55% 的大阴线，在上涨了 10 多倍的时候出现这种"断头大阴线"，不是顶部也会出现大幅振荡，这个时候我们果断减掉了大部分仓位，如图 2-9 所示。

"断头大阴线"出现后，东航又下跌了 30% 多，11 月底短期见底反弹，但是成交量并没有超过前面，最后股价也没有创新高，在前期高点附近再次转折向下，又拉出了两根"断头大阴线"，在出现第一根"断头大阴线"

的时候我们果断地甩掉了手中剩余的 ST 东航股票，顺利地逃顶。

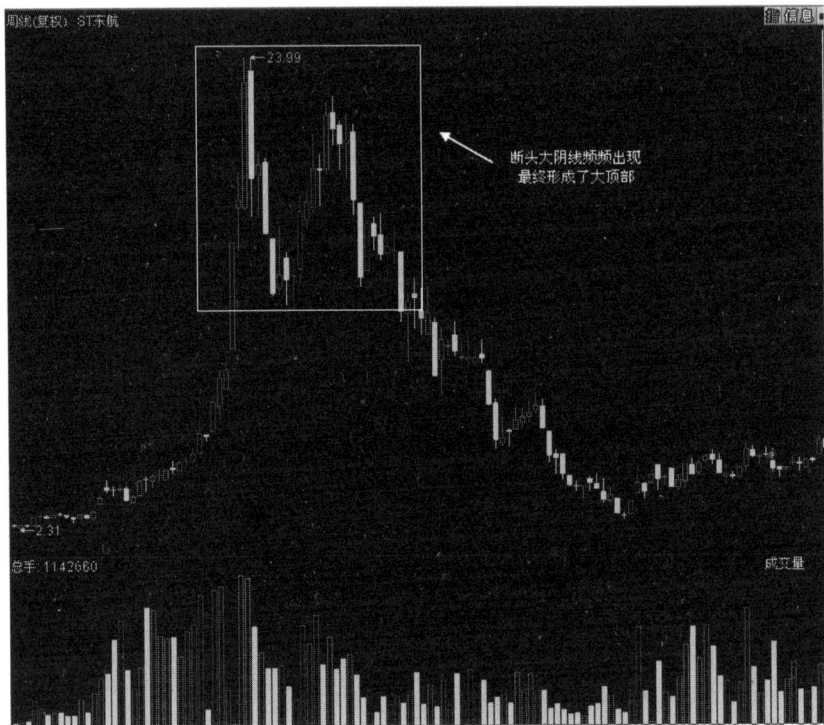

图 2-9　ST 东航周线

面对高价位出现的"断头大阴线"一定要小心再小心！尤其是股价泡沫化之后，面对"断头大阴线"一定不要抱有任何希望，只有清仓！

（二）放量的上影线

☑ **战法规则**

（1）前面已有不小涨幅；

（2）长上影线；

（3）伴随着长上影线放出比较大的成交量；

（4）在月线或是周线中出现这种"放量的长上影线"经常会反转形成头部，或是成为上涨的巨大阻力，使股价在这个位置振荡较长时间后才反转向下。

✅ 战法灵魂

交易如同打仗，多空大战最后必有胜负。如果股价在上涨过程中，某一周突然走出了带长上影线，并且实体不大的 K 线，成交量也创了近期的新高，这个时候你就要小心了。从 K 线上看，上影线代表了多方发现的新大陆被空方占领，而之前多方一直是旗开得胜，现在空方突如其来，击败了多方，可见来势凶猛，一定要倍加小心。而堆起来的成交量越大，说明双方在这场战斗中使用的兵力越多。

所以"放量的上影线"意味着空方派出了大批力量占领了多方的领地。面对来者不善、气势汹汹的空方，趋势极有可能发生反转。

即使趋势暂时不反转，多方要想再次创新高，也要面对上影线上套牢的众多的筹码的压力，所以股价可能在这里反复振荡，多空纠缠最后会耗尽本来已经过分亢进的多方的力量，趋势发生反转。

✅ 实战战例

牛市快结束的时候炒股票赚了钱的消息满天飞，一听说别人炒股票赚了钱，自己也心里痒痒，在连股票是什么都不懂的情况下就去开户，看到报纸上、媒体上吹捧哪一只股票就买进哪一只，结果是刚买进就被套牢。站在山顶放哨的大部分都是新股民。

我们的一个客户，做实业白手起家。2008 年的时候听说周围很多朋友都炒股票赚了钱。于是一时冲动自己也开了户。听电视上介绍四川路桥（600039）这只股票潜力大，于是几百万资金就砸了进去。结果买进不久四川路桥就开始下跌。殊不知，中国股市除了黑马还有黑嘴，听消息、看股评炒股有谁赚过钱？

这位客户是在 2008 年 5 月底以 10.2 元的价格买进的四川路桥，套牢后在朋友的介绍下请我帮他看看这只股票怎么操作，当时周线图上已经出现了如图 2-10 中 B 点处的"放量的上影线"走势，而且成交量放的很大。B 点之前更是一个带更长上影线的阳线，整个阳线振幅巨大。在更早前的 A 点，也出现了"放量的上影线"，如图 2-10 所示。

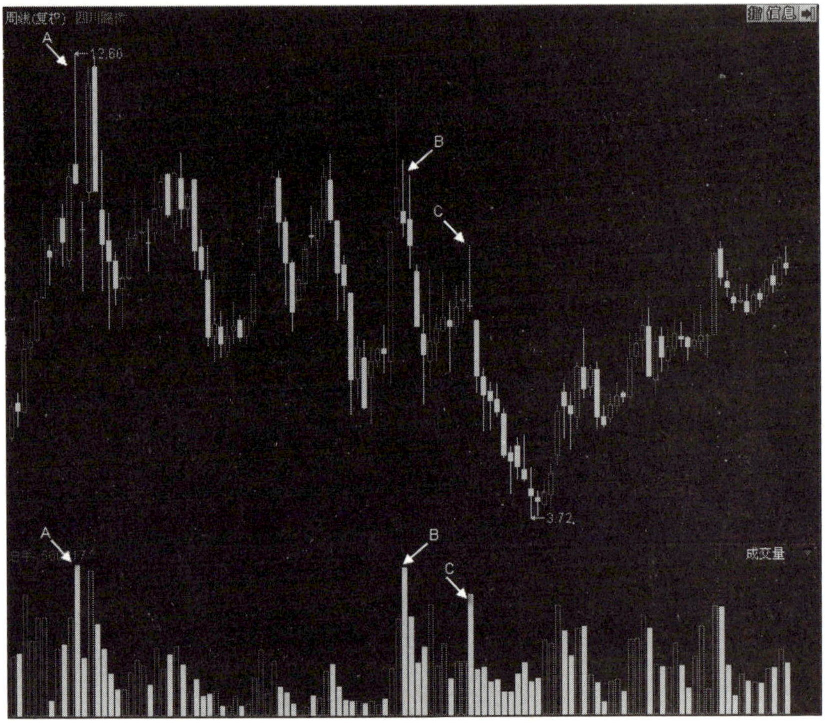

图 2-10 四川路桥周线

这个时候四川路桥的顶部特征已经非常明显，我建议那位朋友平仓走人。

此股也从 B 点开始进入漫长的下跌。在 C 点前出现的两个月左右的反弹，也是以"放量的上影线"结束。最后这只股票下跌到了 3.72 元。

（三）上影线丛林

✓ **战法规则**

（1）股价之前有不少涨幅；

（2）在一段时期内，在一个价格带上出现三根或是三根以上的带有长上影线的 K 线；

（3）周线或是月线出现"上影线丛林"后，股价见顶的概率非常大。

☑ 战法灵魂

我们前面反复强调了影线的作用，K线上出现上影线后，在上影线会有很多套牢盘，给股价的再次上涨造成压力。另外这也说明前期占优势的多头现在力量衰减，趋势有可能发生反转。股价上涨后在一个个价格带上出现多个带上影线的K线会积累大量套牢盘。"一鼓作气，再而衰，三而竭"，多方多次上冲失败，不仅损耗了多方的力量，也让多方士气大衰。所以在"上影线丛林"出现后，多方将像越战中的美军一样，即有可能迷失在丛林中，让空方主导趋势。

☑ 实战战例

我们的一个客户在2008年3月25日向我们咨询自己手中长线持有的百科集团（600077）股票应该如何操作，他长期持有该股，成本价在4元左右。这只股票在2005年到2007年大涨之后，到了2008年开始盘整，大幅振荡始终不见新高，在2008年3月底又开始下跌，所以他这个时候拿不定主意，卖掉怕丢掉大牛股，因为大牛市很多股票翻了六七倍以上。他的这只股票从底部到最高上涨不到4倍。

我们在翻看了周线图之后，立即建议他平仓观望。因为之前在2007年6月初，该股出现了带放量长上影线的短断头大影线，非常不妙。在3月又连续出现带长上影线的周K线，走出了"上影线丛林"，股价在这个价格带振荡这么长的时间不见上涨，所以情况非常不妙。趋势有可能发生反转，如图2-11所示。

（四）阴包阳和两阳夹一阴

☑ 战法规则

（1）阴线包住了前面阳线的二分之一甚至更多；

（2）阴线和阳线都不宜过小；

（3）阴线收盘价不宜高过阳线开盘价；

（4）如果阴包阳之后又出现一个并列的阳线，那就构成了两阳夹一阴；

（5）在周线和月线甚至更大周期的K线中，上涨趋势中阴包阳后出现下跌的几率大，而如果没有下跌反而变成了两阳夹一阴，那么就会出现反弹或是反转上涨。

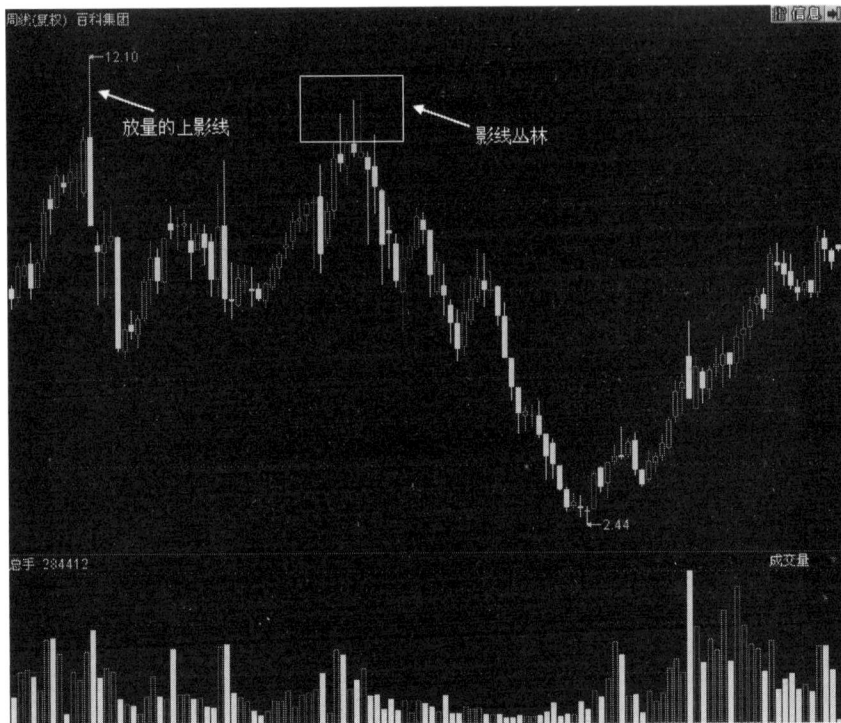

图 2-11　百科集团周线

☑ 战法灵魂

上涨趋势中阳线被阴线包住了一半以上，说明空头力量开始活跃，多头力量已经相对衰弱，在这里趋势非常有可能发生反转。但是如果在这种预期下股价没有下跌反而拉出了一个阳线，说明空头的力量是暂时的，并且将极大地鼓舞多头，上涨趋势将会继续延续。

☑ 实战战例

我邻居的一个亲戚买了自己公司的股票葛洲坝（600068），成本价 5 元多。一直拿到了 2008 年 2 月。他很看好这只股票，准备继续长线持有。一次在邻居家打麻将，他的亲戚听说我是专业炒股票，便向我询问自己手中的葛洲坝股票，我在邻居家打开计算机看葛洲坝的周线图，便对他说你还是暂时出掉，等以后跌到 10 元以下的时候再买回来。

为什么我这么不看好这只股票，因为那个时候葛洲坝已经在 11 元到 19 元这个价格带振荡了很长时间，断头大阴线和阴包阳频频出现，头部已经出现，如图 2-12 所示。

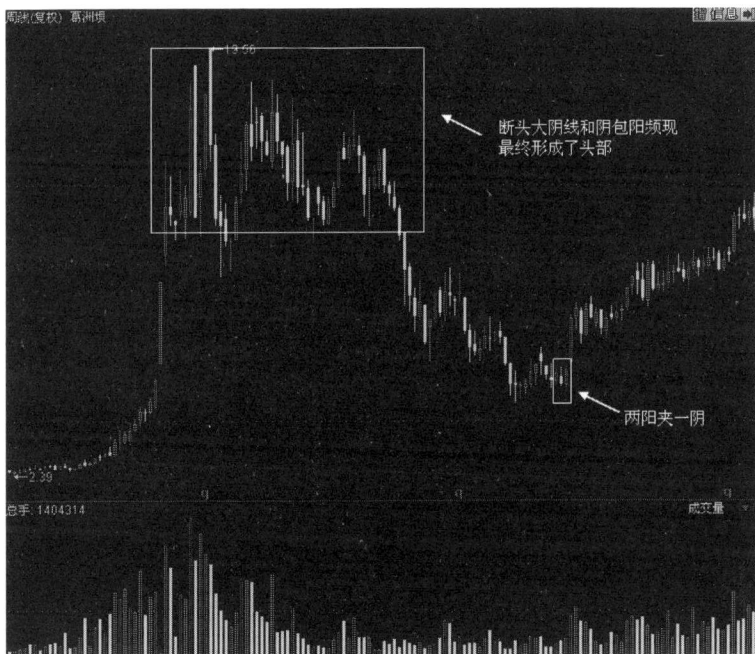

图 2-12　葛洲坝周线

后来葛洲坝股票从 2 月底开始一直下跌，直到 10 月出现了两阳夹一阴，这个时候才见底回升。

（五）黄昏之星

✔️ **战法规则**

（1）黄昏之星由三个或是三个以上的 K 线组成。

（2）第一个 K 线为阳线，最后一个 K 线为实体比较大的阴线，中间的 K 线可以是小十字星，也可以是实体比较小的阳线或阴线。中间的 K 线如果是一个以上必须是并排或近似并排的,那么中间的 K 线可以带长上影线,但是不能带长下影线。

☑ 战法灵魂

上升趋势中阳线之后出现小十字星、小阳或小阴线,甚至有的时候这些 K 线带着长长的上影线,这都说明多头占优势的情况已经发生了改变,空头大军已经出现,趋势将发生反转。经典的"黄昏之星"中间的 K 线都是小 K 线,没有长上影线。但是长上影线更加说明了多头的死亡、空头的胜利。所以在"黄昏之星"中,中间 K 线带上长上影线更加预示着趋势将会改变。

☑ 实战战例

上港集团（600018）上市后,在 2001 下半年出现了黄昏之星,之后股价开始漫长地下跌,直到 2005 年 11 月才见底,见底后股价快速上升,在一年多的时候内,翻了 9 倍多。我的一个客户在牛市快要结束的时候才开户买股,11 元多的上港集团在他眼里非常便宜。他告诉我,茅台酒一瓶都要一两百元,上港集团是个大港口才 11 元。这位客户有资金但是就是几乎没有股票知识。

2008 年元旦后他打电话向我咨询自己手中的上港集团股票,我打开上港的走势图一看,月线图上先是出现了阴包阳,接着又是断头大阴线,短暂的反弹之后,出现了中间有两个带长上影线的"黄昏之星",而且这个组合的第一个阳线也带上了长上影线,如图 2-13 所示。

上港集团的天空布满了乌云,一颗"黄昏之星"出现在乌云的缝隙之中,警告持筹者,暴雨将至。

头部迹象已经非常明确,我告诉这位客户,尽快割肉走人。

（六）下跌跳空

☑ 战法规则

（1）上升或下跌趋势中,股价在一个价格带上振荡了一段时间之后,突然跳空向下;

（2）出现"下跌跳空"之后,股价将会下跌。

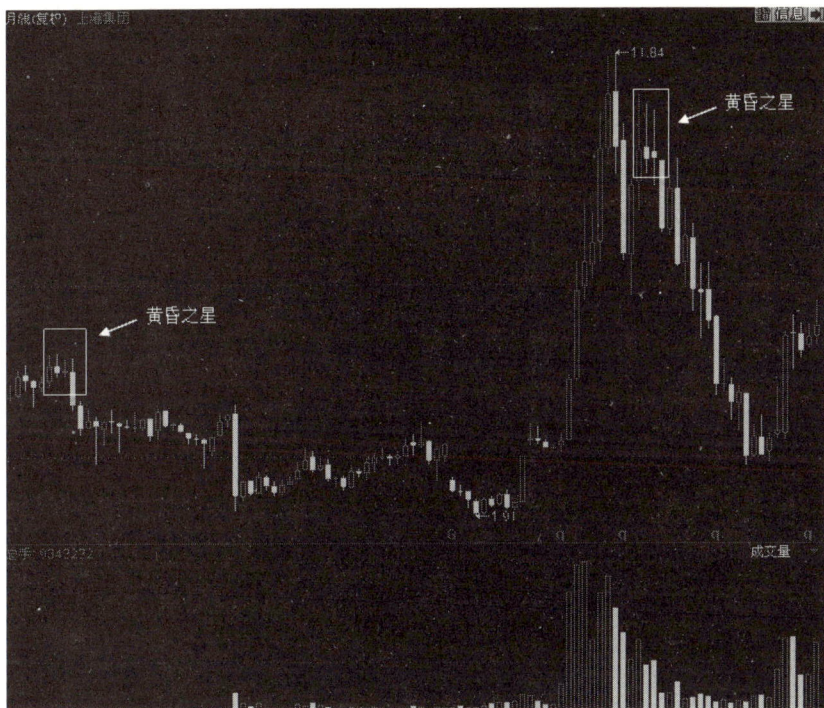

图 2-13   上港集团月线

☑ 战法灵魂

在一个价格带上振荡很长时间，在这个位置必然积累了很多筹码，股价无论向上或是向下突破价格带，都会遇到很大的阻力。而这个时候突然跳空向下，说明多空力量对比发生了明显的变化，空方占据了极大的优势，可以跳空突破横盘价格带。

☑ 实战战例

鲁银投资（600784）从 12.59 元开始下跌，跌去一半的时候开始有资金进入，这些资金将股价推高到 7 元多的时候，多方力量开始衰退，多空胶着的结果是股价开始横盘整理。但 2008 年 6 月 10 日股价跳空下跌，直至跌停。

当天我们接到了一个客户的咨询电话，在股价跌停之后他显然很慌张，自己在 6.5 元买进的鲁银投资，跌停打破了他持股待涨的美梦。

短期的横盘看起来非常像底部，但是仔细分析不难看出，这种走势就是"下跌跳空"，前面上涨的时候虽然也出现了跳空，但是并非我们前面讲到的"上涨跳空"，因为跳空之前没有横盘整理。所以这个时候我果断地告诉他，割肉出局，如图2-14所示。

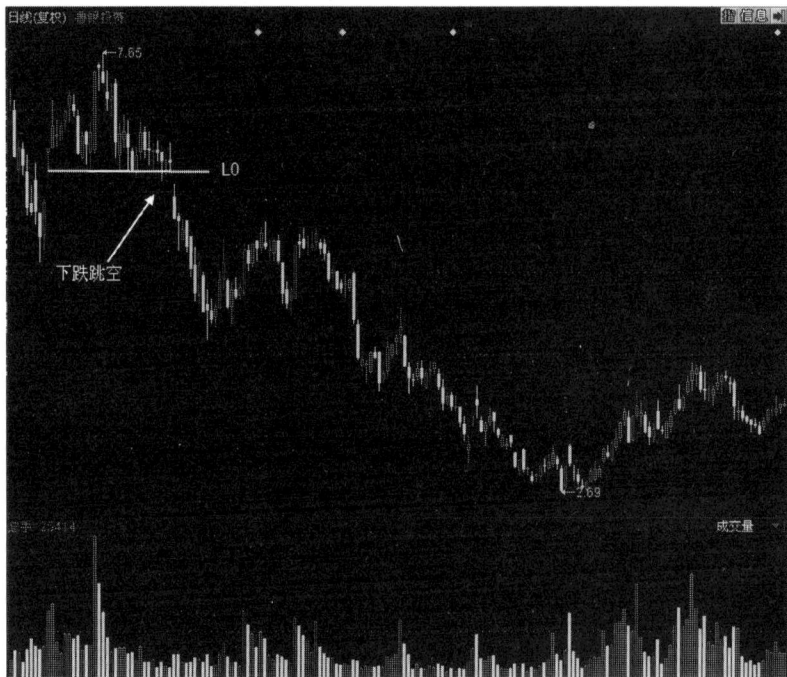

图2-14　鲁银投资日线

（七）阳孕阴

✔ 战法规则

（1）在上升趋势中，一个大阳线后出现了一个小实体的阴线；

（2）小阴线实体不能超过阳线实体的三分之一，并且阴线实体要在阳线实体内；

（3）小阴线的最高价和最低价都不能超过阳线实体范围；

（4）阳线最好没有长上影线和长下影线；

（5）在周线或是月线中，"阳孕阴"出现后价格出现反转的可能大。

战法灵魂

中国古代阴阳哲学认为，阳生阴、阴生阳，阴阳交替。"阳孕阴"这种形态出现之前是上升趋势，多方占有明显优势，但是多方不可能永远都是占优势，上涨必然积累获利盘，而这些获利盘适当的时候全部会变成空头大军。如果突然出现一个在阳线范围内的小实体阴线，说明多方力量已经十分衰弱，这个时候多方已经无力推动股价创出新高，衰弱的多方只是维持价格不跌出阳线的范围。

实战战例

上升趋势中的"阳孕阴"代表了多头力量的衰竭。阳孕阴直接导致趋势发生反转的情况比较少见。在 A 股中，多见的是复杂的头部中出现了众多的阳孕阴，显示出了多方力量的不足，暗示未来股价走势不妙。

到 2008 年 6 月，我们帮客户重仓的一只股票美锦能源（000723）已经在周线中出现了三次"阳孕阴"的走势，股价将近一年都在 25 元上方振荡，而且幅度很大。到 2008 年 6 月的时候，成交量已经有所萎缩，头部迹象已经非常明显，如图 2-15 所示。

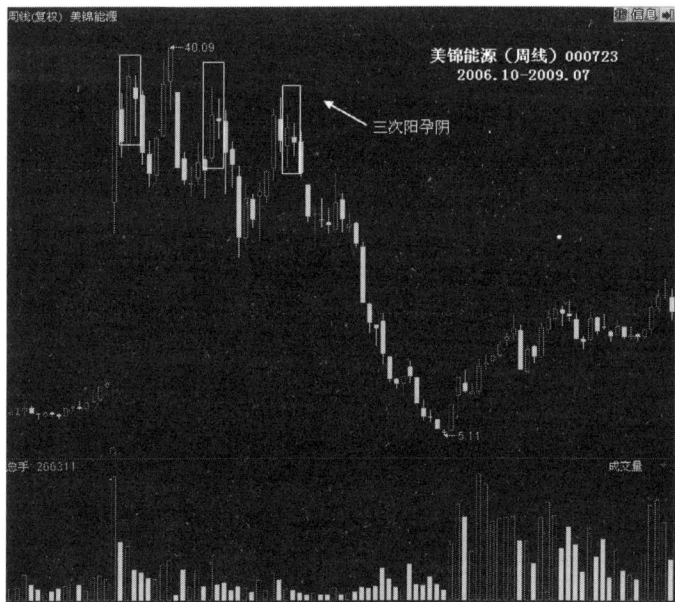

图 2-15　美锦能源周线

33

我们的成本价在 10 元以下，在 6 月初我们选择了清仓，在 30 元附近卖光了所有美锦能源。

（八）顶部流星

☑ 战法规则

（1）在上升趋势中，出现一个带长上影线、小实体、不带下影线或是下影线非常短的 K 线，称为流星，有的书籍称作铁锤；

（2）"顶部流星"出现后，趋势发生反转的几率大。

☑ 战法灵魂

"流星"是经典的 K 线形态，在中国股市中日 K 线中流星很可能是骗线的手法，但是在周 K 线或是月 K 线等周期比较大的 K 线中，却非常有用。

前面已经反复强调过，上升趋势中长长的上影线意味着多方力量开始小于空方力量，多方的部分阵地被空方占领。如果上影线越长，放出的成交量越大，趋势发生反转的可能也越大。

☑ 实战战例

流星，尤其是出现在周线、月线等大周期中的带很长上影线的流星，经常导致上升趋势发生反转。但是在日线中却经常成为主力骗线的工具，不过很多股票在头部的时候，日线中也经常出现流星。

西安饮食（000721）在经过了将近一年的大幅振荡之后，在 2007 年 3 月初出现了带长上影线的"顶部流星"，并且放出了很大的成交量，同时兼具了"放量上影线"的特征，如图 2-16 所示。

这个时候虽然在上影线上股价创出了新高，但是这个时候的头部迹象已经非常明显，我们的一个客户重仓西安饮食，我们平时给他一些操作上的建议。在"顶部流星"出现后，我们及时通知了这位客户，建议他及时平仓。

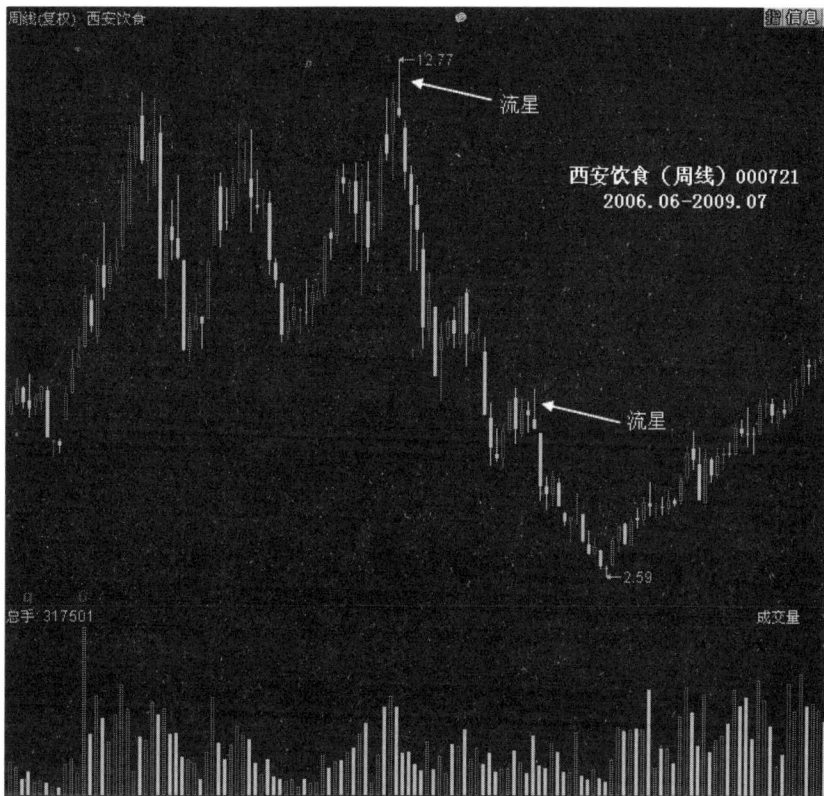

图 2-16　西安饮食周线

第二节　读图术

技术分析，从很大程度上来说是对交易产生和价格、成交量和时间的有关数据的分析。所有的这些数据，都表现为一张股价的走势图。简而言之，技术分析在很大程度上是图表分析。炼金术也就是读图术。

要提炼出金子，我们就必须让这张图片告诉股价的未来走势。

面对这样的一幅图，我们应该从以下几个方面来考虑，推测未来的股价走势情况。

一、趋势

在股市中听到最多的话就是"顺势而为"。可是什么是趋势，一千个人心中有一千个哈姆雷特。股价无外乎只有三种走势，上涨、下跌和不动。这也是股票的三种趋势，上升、下降和横盘。

但是，除了个别涨停的股票，我们找不到一天 4 个小时的交易日，每一秒都在只沿着一种趋势发展的股票，假如只走上升趋势，那当日的走势图就成了一条笔直上升的曲线，当然这是不可能的。股票走势的三种趋势中，往往一种趋势中包含着其他一种或是两种趋势。所以，我们在股市中看到的上升、下降和横盘趋势，往往是由一系列波峰和波谷组成的上升、下降和横盘，如图 2-17 所示。

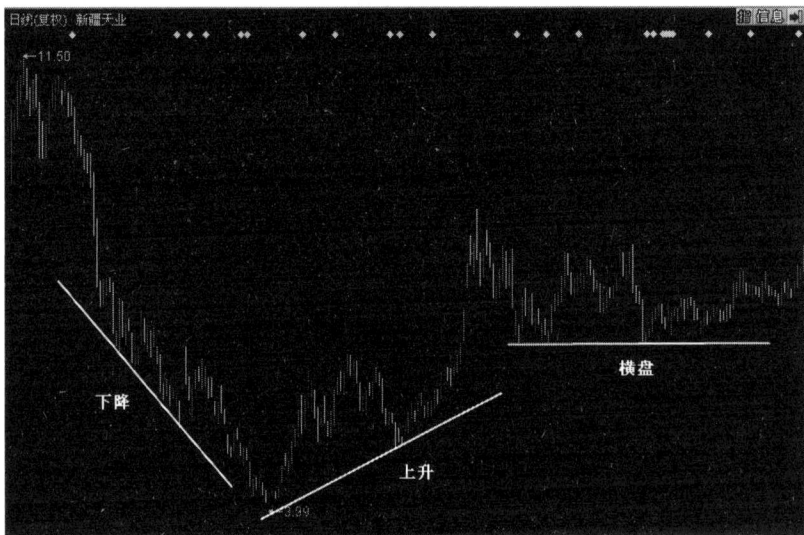

图 2-17　新疆天业日线

图 2-17 中，上升趋势转变为横盘趋势，是对上升趋势的一种调整，但随后也有可能转变成下跌趋势。

1．上升趋势

由波峰和波谷组成的上升趋势中也包含着小的股价的下降和横盘，我们把它称为对上升趋势的调整。

上升趋势意味着多方力量大于空方力量，但是随着股价的持续上升，获利盘的抛压会逐渐增大，部分多头转变成空头，这个时候必须要有更多的多头加入才能维持股价的上升。所以随着股价的上升，成交量应该逐渐增大。

但是在中国股市，一些庄家高控盘的股票，往往会在上升趋势的后半部分发生缩量上涨的现象。

2．下降趋势

同样，下降趋势中也包含着时间较短的上涨和横盘，我们把它称为对下降趋势的调整。

下降趋势意味着空方力量大于多方，但是随着股价的连续下跌，很多空方便会对较低的价格不认可，产生惜售心理，就会发生空翻多，所以这个时候要继续保持下降趋势，就必须要有很多的空方抛出股票，而且随着股价的下跌，成交量应该持续下跌。

在中国股市，这个庄家横行的市场，很多股票的下跌趋势中成交量往往不是随着股价的下跌放大。有的庄家控盘很高，把股价拉高之后，股民对过高的价格不认可、不买单，这个时候庄家只能把股价压低来出货，所以成交量就会是下跌中途放量，而两端缩量。

3．横盘

多空双方力量相当，市场就会失去方向，在一个价格带上振荡。

在股票横盘的时候，大部分指标 MACD、RSI 等都会失灵。时而发出趋势向上突破的信号，时而发出趋势向下的信号。因为这些指标都是为追踪上涨或是下跌趋势而设计的，而这个时候股票没有这两种趋势。

横盘的时候成交量是平稳的，大部分时候与上升和下降趋势相比，成交量都是萎缩的。由于股票横盘时候的成交量会积累一些套牢盘，所以当股价要向上或是向下突破横盘区的时候，往往需要较大的做多或是做空的力量来突破。这个时候在股票走势图上就会表现出在股价突破横盘区的时候，堆出了一个明显放大的成交量堆。

二、阻力和支撑

股票在上升趋势中遇到阻力，股价就会短暂回调，在调整中遇到足够大的支撑后又会继续向上。下降趋势中，遇到阻力就会短暂反弹，反弹过程中遇到支撑后又会继续向下。

作为一个炒股高手，什么是阻力和支撑是必备的知识，但是重要的是你要会推测，股价在哪些位置会遇到阻力和支撑，为什么会产生这些阻力和支撑。这样在股票正常调整的时候你才能心平气和，在股票反转的时候你才能作出正确的判断。

一般来说，以下这些因素产生阻力和支撑，使股票产生调整或是反转。我将用几个小节和 A 股的实例来介绍这些规律。

1．巨大的成交量

股票在交易的过程中，有时候成交量会在几天之内突然放大，产生一个山包似的量堆，在这些地方多空双方斗争激烈，换手非常频繁。当股价再次运行到这个位置的时候，前期套牢在其中的筹码就会寻找解套的机会，这个时候股价继续上涨就会遇到很大的抛压。

一般来说，前期产生套牢盘的地方成交量越大，再次上行到这个价位时遇到的阻力就越大。

例如，八一钢铁（600581）在 2003 年 4 月股价见顶六天之内换手超过100%，产生了一个山包似的量堆后股价走势反转，在这个位置套牢的筹码非常多。虽然经过了六个多月的下跌和五个多月的上涨，4 月份套牢的筹码一定不能全部清洗干净。当股价再次运行到前期产生巨量的价位时，前期套牢的筹码被抛了出来，但是主力仍然不甘示弱，放出巨量来吃掉这些筹码，巨量之后主力的努力没有成功突破，只好选择调整。一个月的调整耗尽了多方的力量，股价在三角调整之后破位下跌，如图 2-18 所示。

2．长时间的调整

股票调整有多种形态，例如三角、旗形、楔形等。调整的过程中会交换一些筹码，而当股价再次上涨到、甚至要突破调整部位的价格带时，原来锁定在其中的筹码被抛出就会带来阻力。如果调整的时间越长，锁定在调整价格带中的筹码就越多，这个价格带产生的阻力也就越大。

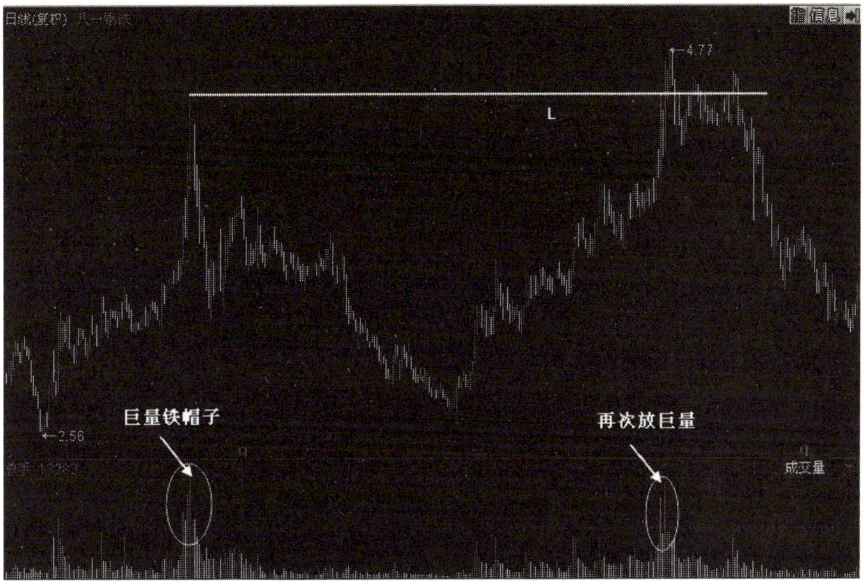

图 2-18　八一钢铁日线

　　如图 2-19 所示，从 2006 年 8 月 3 日到 2006 年 9 月 14 日，中远航运
（600428）一直在 2.20 元和 2.40 元之间振荡，可以想象在此期间买进的股
民一定非常痛苦，手中的这只股票涨不了多少也跌不了多少，着实成了一
只鸡肋股，食之无味，弃之可惜。当股价向上突破的时候，一定会有很多
股民选择卖出，所以在 9 月 15 日和 18 日两天，当主力向上突破时，两天
换手率合计超过 13%，和之前每天 1%左右的换手率相比差别巨大。

　　如果调整的时间更长，阻力也就更大，可以推测需要更大的资金来承
接空头的筹码。最后更大的量堆就是因为此前有更长时间的调整，在股价
向上突破的时候产生的，这里不再赘述，感兴趣的话可以打开中远航运更
远期的走势图试着自己分析一下原因。

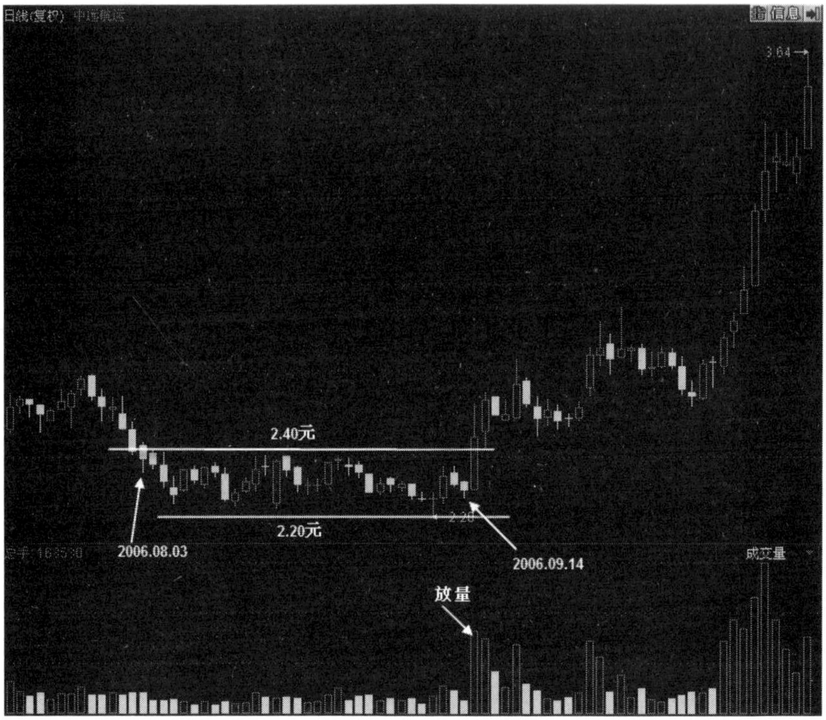

图 2-19　中远航运日线

3．前期的高点

　　股票前期的高点对股民心理的影响很大，尤其是一些在很长时间都没有被突破的高点。有时候主力反而会利用人们的这种心理来进行洗盘。

　　图 2-20 是中联重科（000157）的周线图，2004 年 3 月的第三种股价上冲 4.42 后回落，一直到 4 月底才探底回升。伴随着成交量的温和放大，股价逐渐攀升到了前期高点 4.42 附近，在上冲到 4.39 之后，股价再次回调，并且放出了巨大的成交量，换手率达 28%。前期 4.42 高点附近并没有这么大的成交量，但是这次却放出如此巨大的成交量，可以推测，主力在这里利用了人们对于前期高点的恐惧，在这里多翻空，抛出筹码打压多头，迫使不坚定的多头也转而抛出手中的筹码。而这里本来就有一些前期高点附近的套牢盘平仓，综合种种原因所以才出现了这么大的换手率。但可见前

期高点在这里对股价的上涨产生了一定的压力。

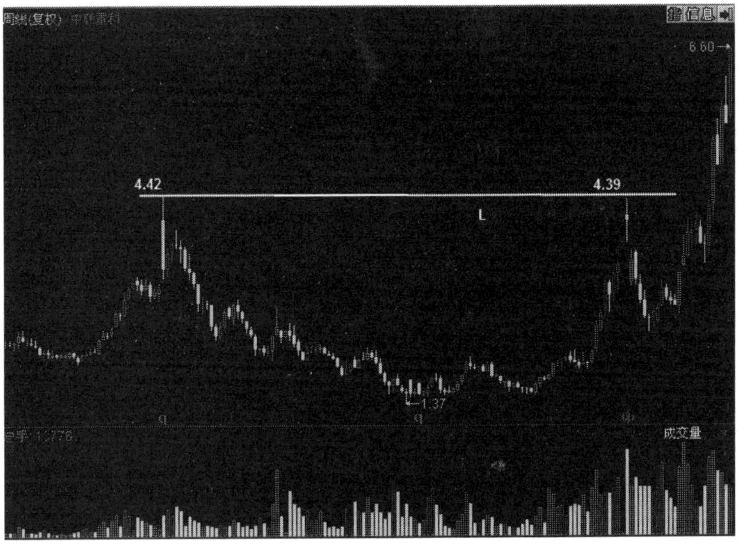

图 2-20 中联重科周线

4．均线

均线系统的使用非常广泛，人们一般以 5 日、10 日、30 日、60 日和 120 日均线为参照。

以 10 日均线为例，图 2-21 是大亚科技（000910）的周 K 线图，10 日均线在上升段大部分时候都起到了有效支撑的作用，而在下降段，10 日均线大部分时候都对股价的反弹进行了有效的压制。

5．整数关口

股价的整数位会产生阻力和支撑。这是因为很多人经常会有在 1、2、… 10、15、20、25 等位置进行交易的打算。这些打算或者说是计划最后被实施并使股票在相应这些整数位成交量比较大，从而产生了阻力和支撑。

利用这一原理，我们在进行交易的时候最好不要把交易的价格设定为某个整数位。如果要买进股票，最好是把单挂在整数位之上买进。如果交易成功，表明整数位产生的阻力作用被击穿，做多的力量很大。如果是止损，最好把止损价位设定在整数位之下，这样一旦交易成功，说明一个重要的支撑位被击穿，做空的力量很大。

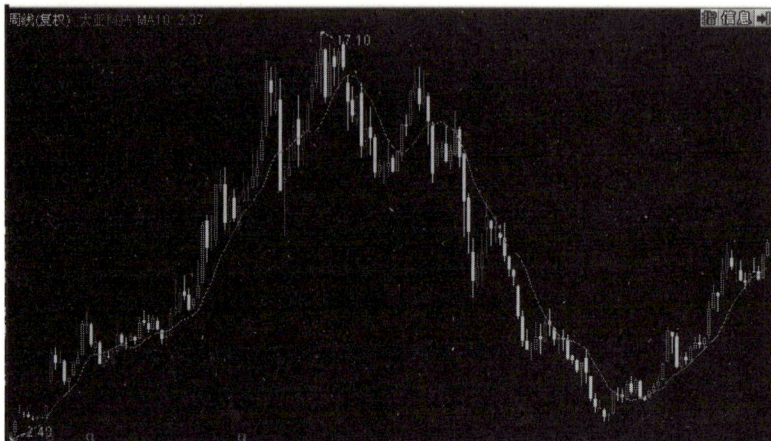

图 2-21　大亚科技周线

同样，这个原理在股指上表现得更为明显。

例如，当 2007 年上证指数上涨到 3 000 点附近时，多空争执不下，从 1 月初，大盘就开始在 3 000 点附近徘徊，并多次冲击 3 000 点但都以失败告终，直到 3 月末才穿越 3 000 点这个股民心理作用产生的强大的整数阻力位，如图 2-22 所示。

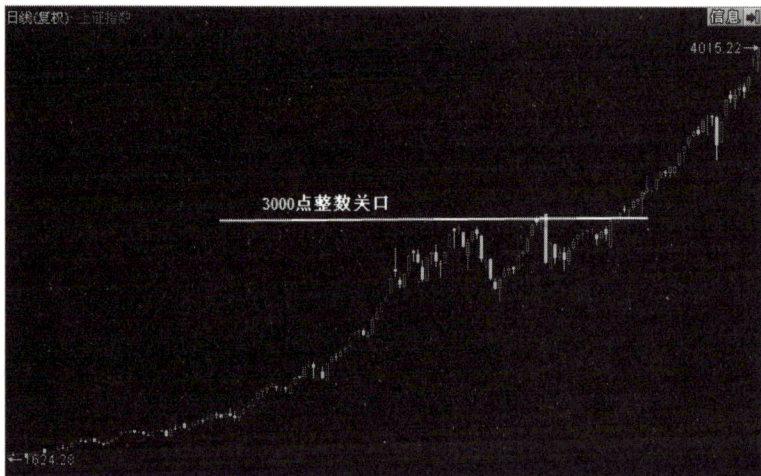

图 2-22　上证指数日线

6. 通道

股票在上涨或是下跌的过程中，经常会沿着一个笔直的通道曲折前进。通道的上沿会对股价产生阻力，而通道的下沿会对股价产生支撑。而当股价触及通道的中线时，中线往往会有很强的阻力和支撑。通道的这种支撑和阻力的作用源于人们对股价沿着通道前进的预期，正是这种心理的预期，决定人们按照通道来交易，股价触及通道压力线是卖出，股价跌到通道支撑线是买进。

图 2-23 是航天科技（000901）的日 K 线图，L1 和 L2 是平行的两条线，中间的虚线是 L1 和 L2 形成的通道的中线。L1 阻止股价的反弹，而 L2 则对股价起支撑作用。在通道的前半段，股价反弹是触及中线时受到了中线的压力，直到通道中期才翻越了中线。

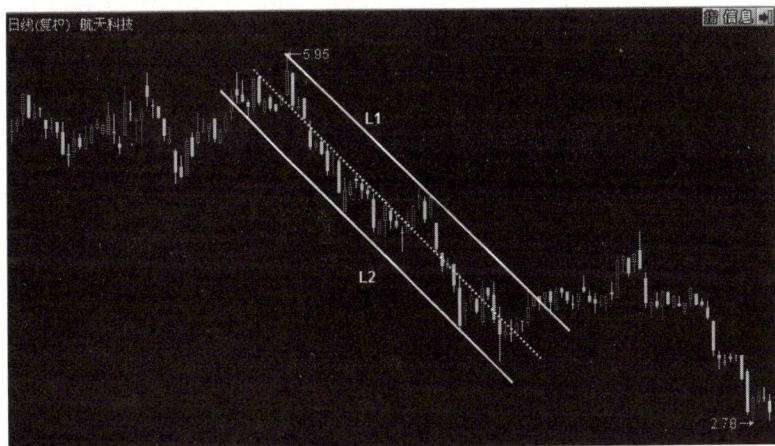

图 2-23　航天科技日线

7. 趋势线

当股票在上升趋势时，短暂的下调后又会继续上涨。但是这个时候在下调结束的地方会产生一个反转点，如果我们连接最近的这两个点，就会产生一条线，大部分时候股价会继续沿着这条线的方向前进，我们就把股价所沿着的上升的线叫做上升趋势线。有时候也可以把它叫做上升趋势的支撑线。反之，则是下跌趋势线。

例如，图 2-24 是天一科技（000908）的日 K 线图，A 点是下跌趋势反转成上涨趋势形成的点，B 点、C 点和 D 点都是上升趋势中短期下调后继续上涨形成的点。在 A 点和 B 点产生后，我们便可以连接 A、B，这样就产生了趋势线 L1，我们可以推测股价会沿着这条趋势线曲折前进。但是到了 D 点之后情况有所变化，D 点比预期的位置要高，在 L1 之上，如果我们连接 C 和 D 点，就会产生新的趋势线 L2，我们可以继续推测股价是沿着 L2 前进的，即后面股价按照我们的预想前进，股价几次调整都触及 L2 后反弹。

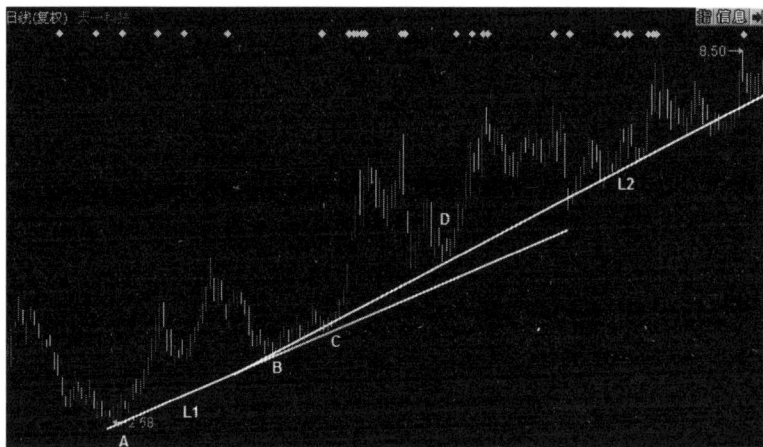

图 2-24　天一科技日线

但是并不是说 L1 就没有作用了，在大部分时候，股价如果反转下跌，L1 也会有一定的支撑作用。

在上涨趋势中，L1 和 L2 都是起支撑作用的，但是如果股价反转下跌，连续击穿 L1 和 L2，那么下跌中发生反弹，L1 和 L2 又会变成股价上涨反弹的阻力线。同样是一根线，支撑和阻力的作用会因为趋势的不同而发生交换。

8．黄金分割

黄金分割中的几个重要的数字 0.191、0.382、0.50、0.618 在股价的反弹和回调中能起到重要的阻力和支撑作用。

例如，图 2-25 是数源科技（000909）的周 K 线图，在从高点 10.54 元下跌到 2.64 元的过程中，0.382 的黄金分割位对股价的反弹起到了很大的阻力。股价连续三次反弹到其附近均以失败告终。

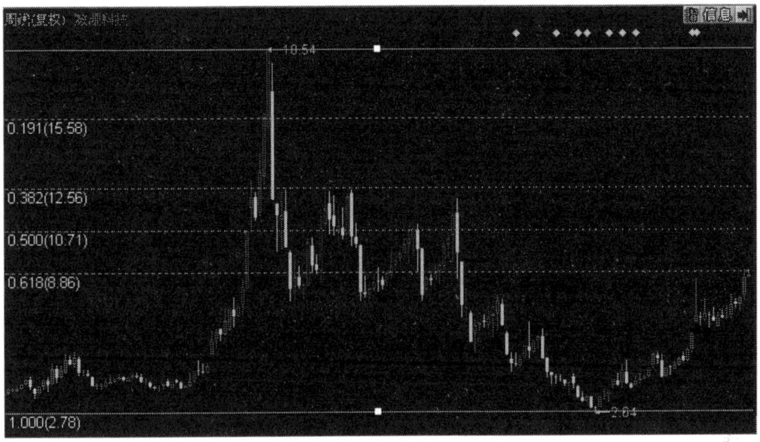

图 2-25 数源科技周线

三、调整

上升趋势中的下跌和横盘，以及下降趋势中的反弹和横盘，都称之为调整。按照经典理论，调整的形态可以分为三角形、旗形、楔形、矩形、扩张结构、头顶肩等。

分析过很多股票后就会发现，其实要详细地分清楚一个调整形态到底是三角形和尖旗形其实是没有必要的，我们研究这些调整形态的最终目的都是为了推测股票未来走势。

所以这里把经典理论中的这些调整形态简单地归纳为四种：三角形、矩形、扩张结构和头顶肩。并从形态、成交量变化和未来股价的测算详细讨论每种类型。

1. 三角形

三角形如图 2-26 所示。

（1）上下两条趋势线最终相交在一点，如果连接从趋势第一次转折的地方向下趋势线做一条竖线，那么整个封闭的图形看起来就像个三角形。

在三角形内部，不必每次反弹或是下跌都触及趋势线。但最终要在三角形的顶点或是靠近顶点的地方趋势股价翻越上或下趋势线，走出一个明确的上升或是下降趋势。

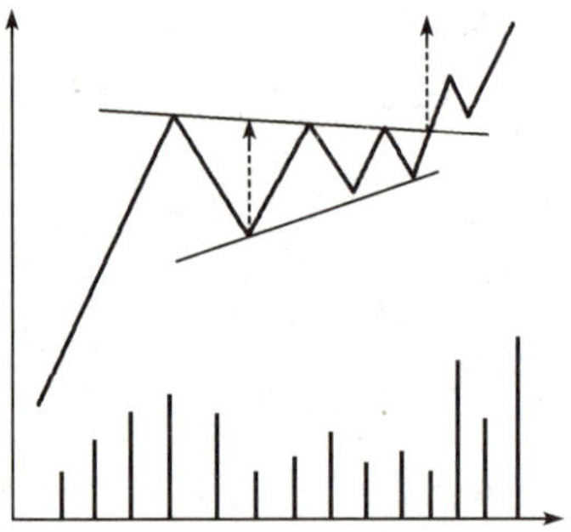

图 2-26　三角形

在翻越趋势线之后，经常会有一个回抽上趋势线确认的过程。

上升趋势中的三角调整之后，股价也有向下突破的可能。

（2）整个三角调整的过程中，成交量要明显比上涨趋势中的成交量减少。但是在 A 股中，下降趋势中的调整成交量则不一定减少。

在上升趋势的三角调整中，股价下跌时，成交量应该是减少的，反弹时成交量应该是增加的。

在翻越上趋势线的时候，经常要翻出比较大的成交量。另外，在翻越上趋势线后，股价在超越三角调整的最高点时也经常会放出比较大的成交量。

（3）三角形的高度可以作为预测三角形翻越趋势线后最少上升或是下降的高度（虚线箭头表示突破三角调整后可能的涨幅至少是三角调整的最大高度）。

（4）应该注意的是，在 A 股中，往往上升趋势中的三角调整符合上述规律的比较多。下降趋势中的三角调整则不一定。

（5）三角调整短则两三周，长则一两个月。

2．矩形

矩形如图 2-27 所示。

（1）矩形调整时股价总是在两条平行的趋势线之间振荡，不一定股价每次反弹或是下跌都触及趋势线。但是上下两条趋势线必须是平行的。

上升趋势中的矩形调整结束后，股价一般会延续上升，趋势不变。

（2）矩形调整的成交量总体上来说是萎缩的。上升趋势的矩形调整在反弹时成交量应该是增加的，但不会超过上升趋势时的成交量，下跌时成交量萎缩。

股价在突破上趋势线时成交量一般会比较大。

（3）矩形调整的时间经常在一个月以上。向上角度比较小的矩形调整时长期成交量萎缩，经常会酝酿大幅的上涨。所以有股谚说"横有多长，竖有多长"。

3．扩张结构

扩张结构如图 2-28 所示。

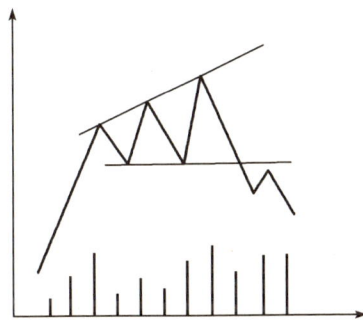

图 2-27　矩形　　　　　　　　　　　图 2-28　扩张结构

（1）扩张结构是三角形的一种变形，两条趋势线延长后会相交在左边，所以也叫做扩散三角。这种形态一般出现在大幅上涨后的个股的顶部。

（2）扩张结构的出现，是由于筹码过分分散，市场对价格分歧很大。所以上涨趋势中的扩张结构在成交量上不同于其他的调整形态，扩张结构的成交量随着价格摆动的增大而增大。

在大牛市快结束的时候，扩张形态非常常见。它预示着主力将筹码抛出后，过分分散的筹码和泡沫化的价格使市场失去控制和容易冲动，最终将导致趋势反转。

4．头顶肩

头顶肩不仅出现在反转中，也会出现在调整中。形态如图2-29和图2-30所示。头顶肩的调整形态只有三个波峰，并且中间成为头的波峰振幅要比其他两个大。头顶肩中的趋势线称为"颈线"。

图 2-29　头顶肩一　　　　　　　　　图 2-30　头顶肩二

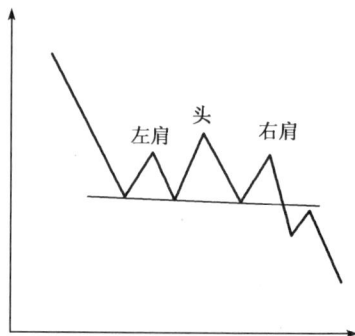

四、反转

趋势的改变，称为反转。反转形态有以下几种：头顶肩、双低或双顶、三重底或三重顶、圆弧底或圆弧顶、V字反转。

1．头顶肩

头顶肩如图2-31和图2-32所示。

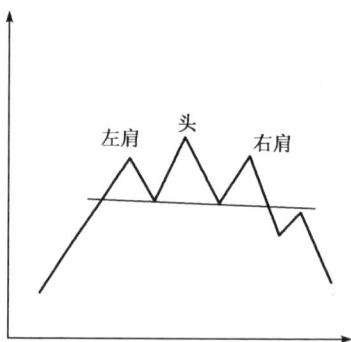

图 2-31　头顶肩一　　　　　　　　　图 2-32　头顶肩二

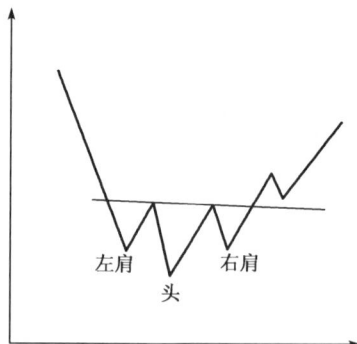

　　头顶肩是非常经典的反转形态，市场上稍微有点股票知识的股民都会指着股票的走势图给你讲解哪个是头哪个是肩。由于头顶肩的走势知道的人群太大，所以头顶肩经常成为庄家骗线的手法，所以翻越股市历史走势图很难发现一个标准的头顶肩的反转形态。

　　但是，我们在这里还是要探讨头顶肩的走势，理解形成这种形态的深层原因，帮助我们推测股票的未来走势。

　　头顶肩中的左肩仍然处于反转前的趋势中，一次调整后趋势继续延续，所以就产生了左肩。而趋势到顶或是触底之后反转，就形成了头部。反转后的趋势前进过程中遇到第一次调整，产生了右肩。

　　左肩和右肩的区别在于成交量的不同。

　　图 2-31 中，左肩在下跌调整前成交量是逐渐增大的，而下跌调整中成交量是缩小的。而右肩在反弹向上时，成交量是逐渐增大的，但是即使增大也没有左肩在上涨时的成交量大。由于这种上升时的缩量，导致反弹失败。

　　图 2-32 中，左肩在反弹时成交量是逐渐缩小的，而右肩在下跌调整中的成交量是逐渐缩小的，但上升时的成交量是逐渐增大的。

　　在股价翻越颈线之后，一般都会有一个反抽行为。

　　2．双底或双顶

　　如图 2-33 和图 2-34 所示。

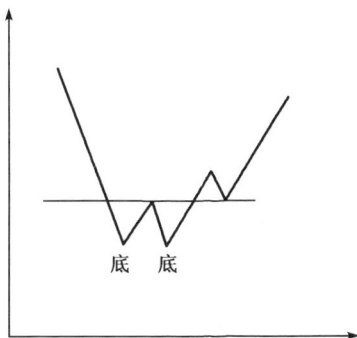

49

图 2-33　双底示意图

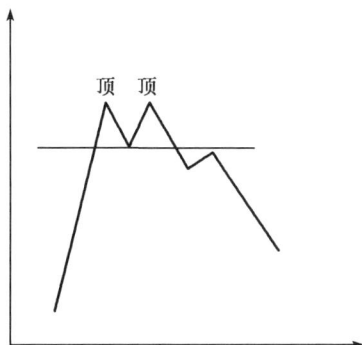

图 2-34　双顶示意图

双顶或双底形态的长期顶或底在 A 股中不多见，经常见的是短期的顶或底。这种形态是多头（空头）二次冲顶（探底）之后仍然不创新高（低），严重挫伤了多头（空头）的信心，导致了趋势的反转。

趋势反转之后，股价经常在双底或双顶的颈线处发生反抽。

3．三重底或三重顶

三重底或三重顶和双底、双顶的形成道理一样。所不同的是由于三重底或三重顶在一个价格带上持续的时间比较长，所以在突破这个价格带的时候需要比较大的成交量（如图 2-35 和图 2-36 所示）。

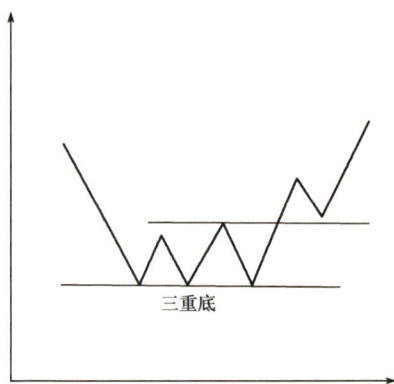

图 2-35　三重底示意图　　　　　　图 2-36　三重顶示意图

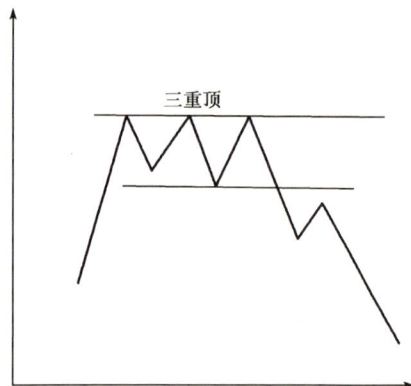

4．圆弧底或圆弧顶

圆弧底持续的时间越长，积累做多的力量也就越大。有的圆弧底甚至持续三四年。

市场上的圆弧顶不是很常见。

如图 2-37 深华发 A（000020）2008 年到 2009 年的一个圆弧底。

5．V 字反转

V 字反转往往非常急促，反转点经常伴随着巨量。V 字反转也是技术分析最难把握的一种形态。放巨量是其唯一的标志。面对这个情况经常需要综合其历史走势进行分析。

在中国的股市中，顶往往是复杂的，单纯的 V 字反转形成的顶不是很常见。庄家为了出货，往往会反复冲顶，形成一个持续时间长，比较复杂的顶部。

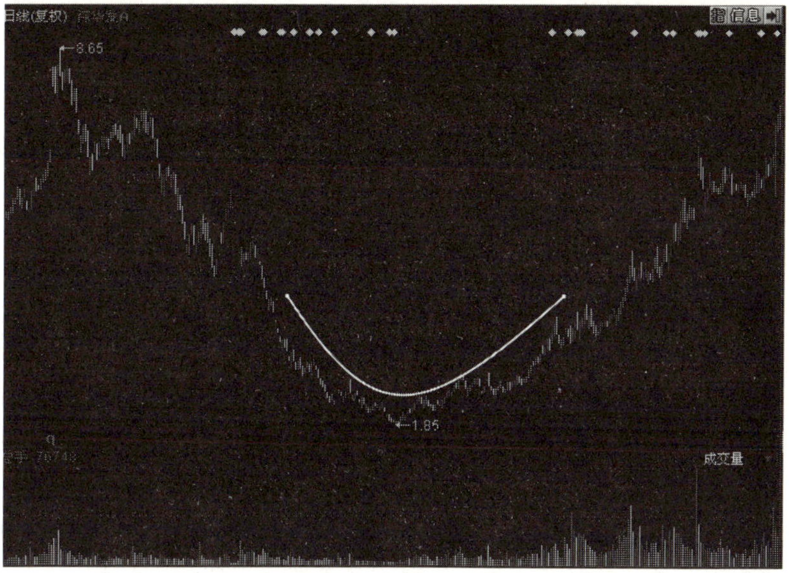

图 2-37 深华发 A 日线

而 V 字底则比较常见，在大盘转好的时候，场外的资金进场抢筹，短时间推高了股价，使趋势发生转变。如图 2-38 所示。

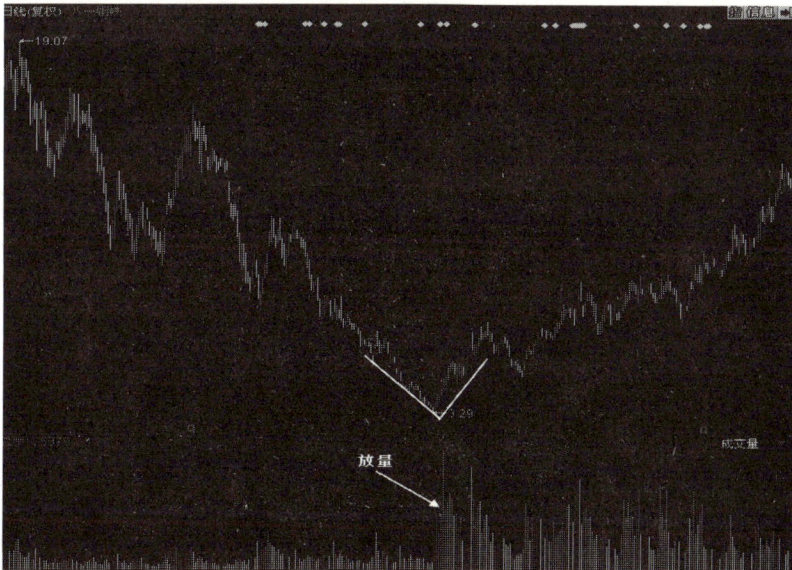

图 2-38 八一钢铁日线

第三节　白银均线

均线是使用最为广泛的技术指标。因为均线的建立非常简单和易于理解。例如 5 日均线，就是最近 5 个交易日收盘价的平均价格。5 日均线向上时，说明最近 5 个交易日的平均收盘价格持续上涨，市场处于多头行情。相反的，如果 5 日均线向下，则说明最近 5 个交易日的平均收盘价格持续下跌，市场处于空头行情。

我们上面提到的只是使用算数平均计算的简单移动平均线。由于简单移动平均线计算的时候每天的价格所占的权重是一样的，例如 10 日简单平均移动线，每天的收盘价只占其中的 10%。显然如果距离现在越近的价格对下一个交易日的影响将会越大，简单平均移动线的计算没有考虑到这一点。因此有人便修正了这个问题，赋予距今越近的收盘价格越大的权重。例如，以 5 日均线为例，第一天的乘以 1，第二天的乘以 2，第三天的乘以 3，以此类推，然后这些数的和除以乘数的和，就得到了线性加权移动平均线。

另外，还有一种指数平滑移动平均线，这里不再详细讨论。因为绝大多数时候我们都是使用简单移动平均线。下面讲到的几种实战战法也都使用的是简单移动平均线。

均线实质上是一种趋势的跟随系统。我们原来使用的趋势线都是直线，但是建立了均线系统之后，我们便拥有了一种比较好的、弯曲的趋势线。但是均线系统只是对趋势进行跟随，或者说只是描述现有的趋势，告诉我们几天之内的市场情况，并不对趋势进行预测。而我们进行技术分析的目的，关键是要对未来的趋势作出推测。但这并不是说均线没有什么作用，相反，可以利用均线进行技术分析从而进行交易，我们将在均线战法中详细讨论。

均线实质上平滑了市场产生的价格，使数据产生一条平滑的曲线，从而使数据更容易让人理解。但是，均线的这种平滑作用也带来了一些弊病，如图 2-39 所示，A、B、C 三处在 5 日均线上可以看到趋势的变化，在 21 日均线上则被平滑掉了，21 日均线只是在这个地方略微地向下弯曲了一点。显然，短期的 5 日均线比长期的 21 日均线更贴近市场的真实行为。短期均线对市场价格的变化更加敏感，而长期的 21 日均线则显得呆板、反应迟钝。

图 2-39 科力远日线

我们说长期均线有反应迟钝的缺点，但在实战中，长期均线的这种缺点却可以省略掉交易系统产生趋势改变的"假信号"。因为短期均线对价格的变化过分敏感，例如在图例中，A、B、C三点股价冲至最高后都短期掉头向下，这个时候如果我们按照 5 日均线进行买卖（股价在均线上买进，在均线下卖出），就会在这三次短期调整中平仓，调整结束后又继续买进。这样频繁的交易无疑增加了我们的成本。但是使用 21 日均线就不会出现这种情况。长期均线过滤了市场的杂音，它的迟钝在这里反而成了优点。

使用均线系统进行股票买卖，要解决的是选择几条均线和选哪种均线这两个问题。下面介绍我们私募团队最常使用的三种胜率较高的实战战法。

（一）一条均线

☑ **战法纪律**

（1）使用一条均线来进行股票买卖的时候，我们首先要选择均线的参数。因为我们知道，短期均线对股票价格的变化比较敏感，但是缺点是容易产生很多趋势发生改变的假信号。长期均线虽然可以将这些假信号过滤掉，但是又过于迟钝，往往在趋势发生反转之后才产生信号。所以，在使用一条均线进行买卖的时候，我们必须根据所要操作股票的历史走势调试均线，找到合适的参数，使均线尽量过滤掉假信号，而又不过分迟钝。

（2）当股价上穿均线并且均线明显抬头向上时买进，当股价跌至均线下方并且均线明显掉头向下时卖出。

✔ 实战战例

2005年我们在操作中国石化（600028）的时候就使用了一条均线作为参考来进行买卖。2002年2月初中国石化跌到2.03元后，就开始了慢牛走势，2004年涨到了5.22元之后开始了漫长地缩量下跌。2005年6月再次跌破3元，这个时候中国石化成了廉价的国有蓝筹股。此时有一位客户找到了我们，要我们私募团队用他的资金来操作中国石化。

因为是客户要求长线投资，所以我们也就选用了一条均线并参考其历史走势进行操作。

根据经验和对均线参数的对比，我们选择了在周线图上使用15MA作为参考。15MA较多地过滤了历史上产生买进和卖出的假信号，但又不至于过分迟钝。当然选择15MA还有另外一个原因，那就是我们可以使用别的方法来鉴别一些假信号，所以我们没有选择20MA等过滤效果更好的均线。

如图2-40所示，当股价上行到A点时，如果放大K线图，可以看到15周均线已经明显上翘，并且K线已经站在了均线之上。这个是后发出的第一个买进信号，我们使用部分资金进行建仓。股价在反弹之后又进入了缩量调整，并且在B点下跌击穿了均线，但是这个时候15周均线并没有掉头向下，股价跌穿均线两周后再次上涨，并且再次站到了均线之上，在12月20日左右，均线也开始明显地由平直变成向上，这个时候情况已经十分明了，我们用剩余的资金全部买进。

在C点，中国石化对流通股股东每10股送2.8股，所以这里发出的卖出信号是一个假信号。股价一路飙升，到D点时，周线9.32%的大幅下跌击穿均线使均线掉头向下，卖出信号产生后，我们在20元附近进行了平仓。

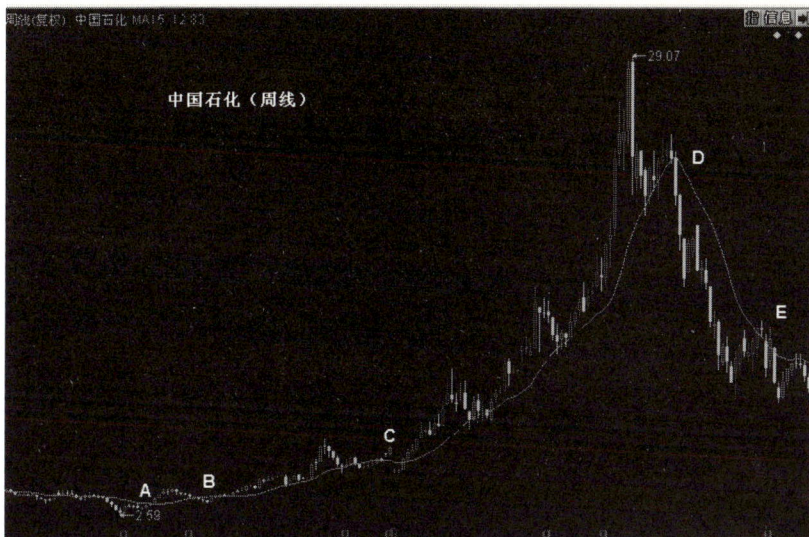

图 2-40 中国石化周线

　　使用一条均线进行买卖非常简单，一般来说，如果使用周线操作可以选择 15 周到 35 周作为参数。在信号产生的时候，可以使用其他技术分析的方法来进行鉴别，但是这个时候你最好设定好止损。如果单纯使用均线发出的信号来进行买进和卖出，那一定要坚持对每一个真实的信号进行操作，这样才能让你的利润最大化。如果你在一个假信号买进，套牢后割肉，对下一个买进信号再不敢去操作，那你可能错失了赚大钱的机会，要知道使用一条均线产生的信号进行买卖是一个概率游戏。你在选择均线参数的时候已经努力将自己的胜率最大化，但是在操作的时候你却不能坚持玩这个游戏，那最终伤心的只有你自己。

　　使用一条均线，只要坚持，最终一定会成为大赢家。

　　（二）两条均线

　　✅ **战法纪律**

　　（1）短期均线上穿长期均线产生金叉买进；短期均线下穿长期均线卖出。

　　当短期均线上穿长期均线产生金叉的时候就产生了买入信号，如果短期均线下穿长期均线产生死叉的时候就产生了卖出信号。但是缺点是在上

55

升趋势中的调整或是下降趋势中的反弹中，死叉和金叉频繁出现，为了减少这种假信号，最好的办法就是要确认趋势，所以实战中还要考虑战法纪律的第二条。

（2）买进时短期均线和长期均线明显向上；卖出时短期均线和长期均线明显向下。

短期均线向上，意味着短期股价处于上升趋势中，长期均线的方向则确定了很长一段时间内的趋势方向。如果短期均线下穿长期均线发生死叉，但是长期均线仍然向上，这就说明这个死叉很可能是个假信号。

（3）在下跌中不买进，在上涨中不卖出。

☑ **实战战例**

以中国石化（600028）为例，2007 年 4 月到 2009 年 4 月，在同时满足战法纪律 1、2 和 3 的情况下，我们共进行了五次买进操作，四次卖出操作，其中有三次买进和卖出是没有获利的，图 2-41 中用画圈表示没有获利的买卖操作。但是这并不影响我们总体的收益，因为第一次买进和卖出，以及最后一次的买进都让我们获益丰厚。

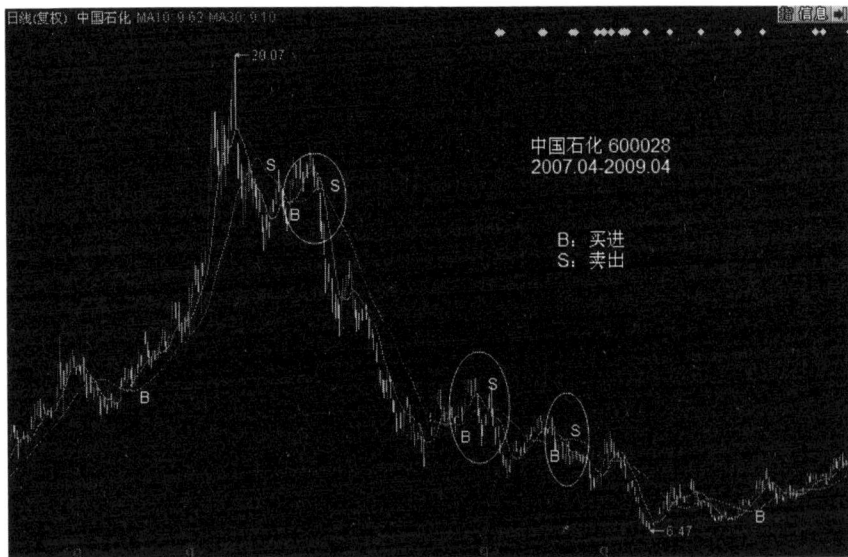

图 2-41　中国石化日线一

严格按照两条均线法进行操作，在反弹的时候均线系统经常会发出假信号，但是这些假信号导致的亏损并不会很大。而两条均线法最大的优点就是能够让操作者抓住主要的上升段，回避主要的下降段。

为了避免假信号的出现，可以将长期均线的参数变大。例如，将长期均线改变为 50 日均线后，在同样买进和卖出的地方，所有的假信号都会消失。但是周期过长的长期均线会让信号的发出非常迟钝。如图 2-42 所示。

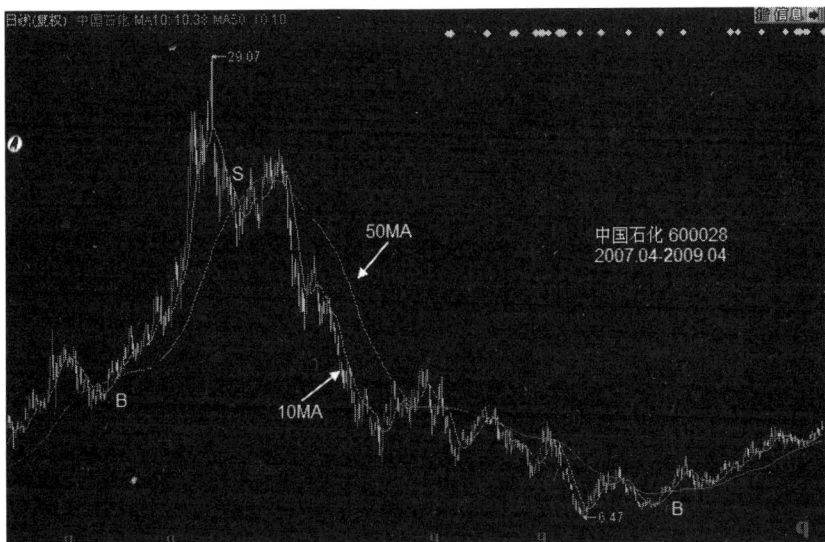

图 2-42　中国石化日线二

在实战中，短期均线的参数范围一般在 8～15，长期均线的范围一般在 30～60。

（三）三条均线

✔ **战法纪律**

以 4－9－18 日均线系统为例

（1）当 4 日均线上穿 9 日均线时发出第一个买进信号，当 9 日均线上穿 18 日均线时发出第二个买进信号，如果前一日 K 线不为阴线，执行买进动作；也可以在第一个信号发生时，当前一日 K 线不为阴线时买进。

（2）当4日均线下穿9日均线时卖出。

✓ 实战战例

4-9-18日均线系统是一个常用的均线交易系统，因为三根均线会发生两次交叉，所以，一部分交易者使用第一个信号进行交易，使用第二个信号进行参考，这种交易方式在新手使用时经常导致交易过于频繁。但是这种方式明显要比在两个信号同时发生时才买进持筹成本低得多。

在2007年9月到2008年7月之间，我们对一位客户账户中早已买进的新五丰（600975）使用三条均线进行了几次操作。我们使用的是4-9-18日三条均线系统，当4日均线上穿9日均线，9日均线上穿18日均线两个信号同时发生的时候执行买进动作，当4日均线下穿9日均线的时候执行卖出动作，三次买进和卖出均有获利，但是第二次和第三次并没有抓住主要的上升段。这是因为凡是多均线系统，在反弹行情中的效果都不是很明显，但是均线系统的优点是能够抓住主要的上升段。如图2-43所示。

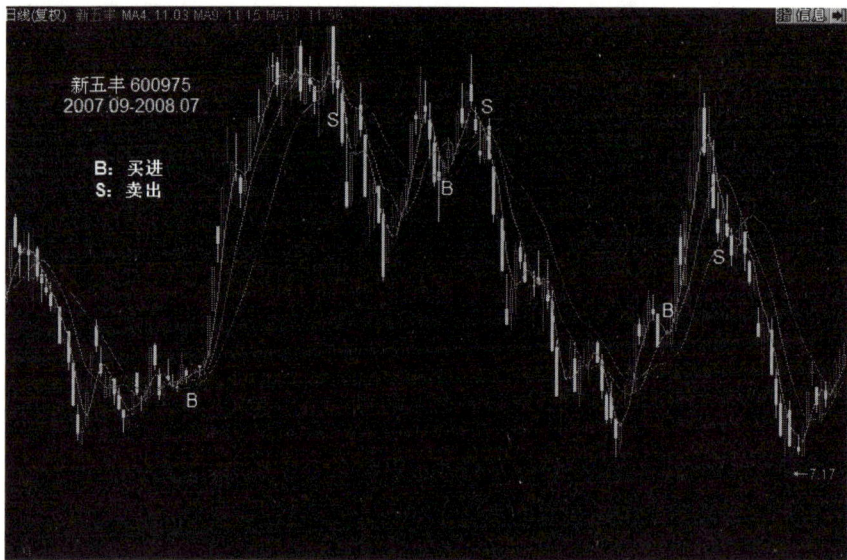

图 2-43　新五丰日线

➡ 第四节　指标战法

研究股票无非就是研究这三点因素：价格、成交量和时间。人们通过对价格、成交量和时间进行各种形式的计算，得到了不同的指标。人们研究指标的目的就是为了论证股票的价格走势，进而进行高胜算的买卖。指标从根源上说，源于人们每天的交易，并没有什么特殊性。但正是这些平常的东西，如果细心研究，在实战中不断揣摩的话，和使用其他实战技法一样，你也可以达到高胜算操盘的目的。

一、黄金指标——MACD

MACD 又被称作平滑异同移动平均线。1979 年由 Geral Appel 提出，它是利用短期（通常为 12 日）移动平均线与长期（通常为 26 日）移动平均线之间的差值，对买进、卖出的机会进行研判的一个趋势型的技术指标。

MACD 基于均线的构造原理，对收盘价进行了平滑处理，它主要由两部分组成，即正负差（DIF）、异同平均数（DEA），其中 DIF 是核心，DEA 是辅助，DIF 是快速平滑移动平均线（EMA1）和慢速平滑移动平均线（EMA2）的差。另外还有一个辅助指标柱状值（BAR），它是 DIF 和 DEA 的差，它代表了趋势的强弱，当柱状值位于 0 轴以下时为绿色，表示趋势较弱，反之为红色，表示趋势较强。

MACD 如何计算比较烦琐，我们没有必要熟知其计算过程。只要了解它的三个主要部分就可以了。

一般来说 MACD 应用原则如下所述。

（1）当 DIF 由下上穿 DEA 形成金叉的时候，或者 BAR 的绿柱缩短的时候，为买入信号。

（2）当 DIF 由上下穿 DEA 形成死叉的时候，或者 BAR 的红柱缩短的时候为卖出信号。

（3）顶背离：当股价逐波上涨，而 DIF 和 DEA 却逐波下降，与股价走势形成顶背离。顶背离预示着股价即将下跌。

（4）底背离：当股价逐波下降，而 DIF 和 DEA 却逐波上涨，与股价走势形成底背离。底背离预示着股价即将上涨。

MACD 对于大势中长期的上涨或下跌趋势有较好的研判作用，但是对于调整阶段产生的卖出或买进的信号不明显。

长期的炒股经验告诉我们，MACD 这个优秀的指标有非常好的实战价值。一个使用 MACD 的高手，必须掌握以下的 MACD 绝招。

1. 月线、季线或年线的金叉和死叉

按照传统的 MACD 规则，DIF 上穿 DEA 时就会形成黄金交叉，即金叉就是买进信号，反之为卖出信号，但是在股票盘整的时候，金叉和死叉信号时常发出，甚至在趋势明确的时候，也会发出错误的信号。这是 MACD 最大的缺点。

但是，任何技术分析方法都不能百分之百地准确。我们使用这些技术分析的手段，目的是提高胜率，达到高胜算操盘。

如果 MACD 在月线、季线或是年线中出现金叉或死叉，这个时候信号的准确率非常高。以上证指数为例，在目前月线所有的金叉中，错误信号仅两次。而在银鸽投资（600069）的季线中，所有的金叉和死叉信号全部准确，如图 2-44 所示。

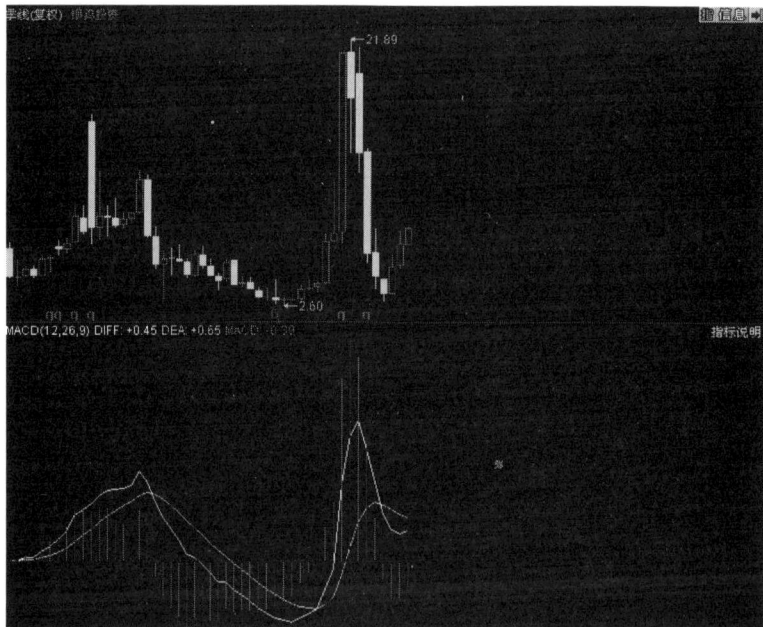

图 2-44　银鸽投资季线

2．0 轴起飞

当 DIF 和 DEA 运行到正负 0.2 之间时，DIF 上穿 DEA 形成金叉，并且在形成金叉之后经常放出比较大的成交量，之后股价从这个位置起涨，这种经典的形态被称作 0 轴起飞。

发生 0 轴起飞的股票，之前经过了长时间的下跌或是横盘缩量调整，在下跌或是调整充分之后，空方力量严重衰竭，主力早就收集好了筹码，这个时候抓住机会放量上攻，一场上涨的牛市大戏就这样开始了。

2006 年 9 月 13 日，宝钢股份（600019）的 DIF 和 DEA 分别调整到了 -0.01，MACD 值为 0，次日伴随着股价的上涨 DIF 上穿 DEA 产生黄金交叉，并且一改前几日换手率 1%以下的冷清状况，放出了换手率 3.64%的成交量。

0 轴起飞之后，宝钢在经历短暂的调整后，一路上涨，从当初 0 轴起飞时的 3.3 元，最高涨到了 21.59 元。

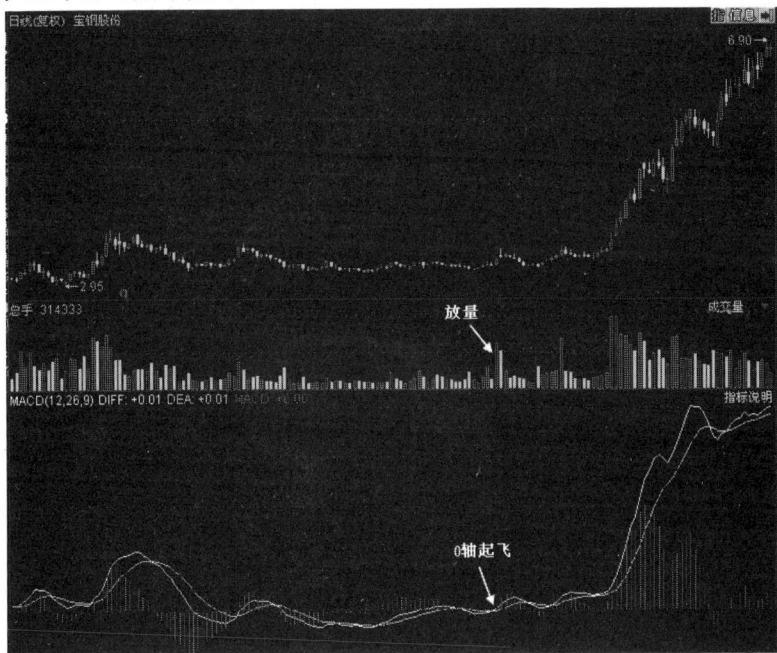

图 2-45　宝钢股份日线

有的股票会在上涨趋势中连续出现多次 0 轴起飞，每一次都是极好的买点。例如图 2-46 中海泰发展（600082）在 2008 年 11 月开始的上涨趋势中就连续出现了两次 0 轴起飞，这两次起飞都预示着调整已经结束，空头力量严重衰竭。

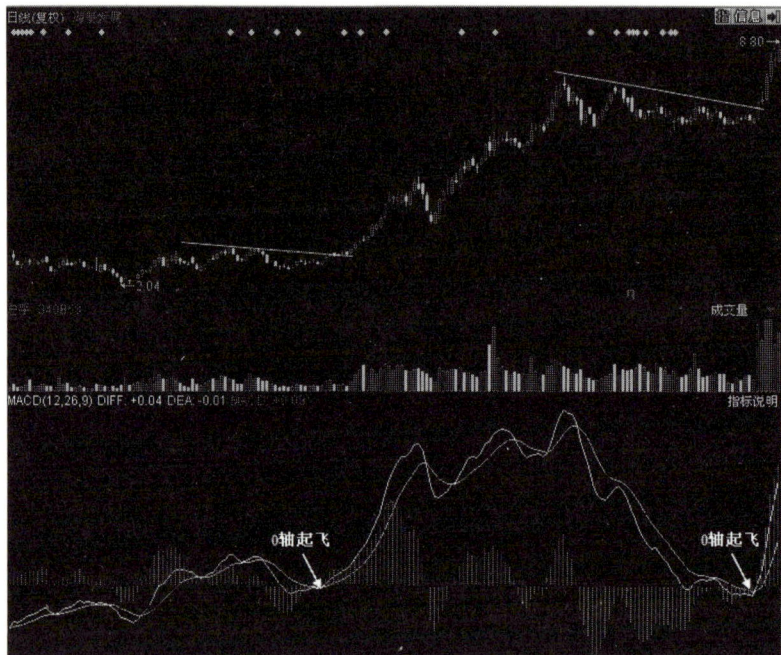

图 2-46 海泰发展日线

3．空中加油

空中加油是一种上涨趋势中的中继形态。在上涨趋势中，短暂调整时，DIF 下降到 DEA 附近，在即将于 DEA 发生死叉的时候，DIF 再次上涨，这个时候股价的上涨趋势将会再次持续一段时间。这就像 DIF 在飞向空中的过程中中途没油了，正在掉头向下，马上掉到地上（DEA）的时候，又及时地被加上了油，再次起飞。

如果错过了在底部刚刚起飞的时候买进，那当 MACD 发生空中加油的时候，也是一个不错的买进位置，因为通过空中加油的形态可以确定是上涨趋势的中继，股价还将上涨一段时间。

以东风科技（600081）为例，在 2007 年 11 月 40%多的反弹行情中，MACD 在 11 月 23 日左右和 12 月 18 日左右分别发生了两次空中加油，在这两次空中加油之后，股价都有不少的上涨。空中加油证明了股价还处于上升趋势中，短暂的调整并不能改变趋势。

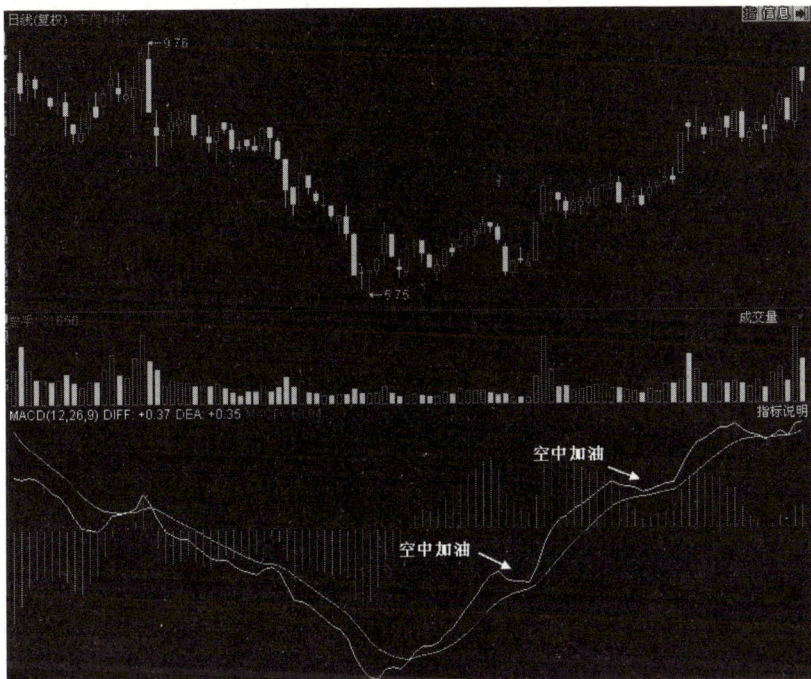

图 2-47　东风科技日线

4．反向空中加油

与空中加油的形态相反，在股价下跌或是上涨趋势调整的过程中(上涨趋势中的调整是短期的下跌)，DIF 也会短暂地反弹，但是触及 DEA 后又回落，继续以往的下跌趋势。反向空中加油是一种下跌或上涨趋势中调整过程的中继。

图 2-48 是开创国际（600097）的日线图，在 2009 年 2 月底到 2009 年 5 月份的调整过程中，开创国际的 DIF 两次随着股价的反弹上涨，但是在即将触及 DEA 的地方又掉头向下，继续延续下跌趋势。这种反向的空中加油形态说明股价还处于调整中，未来趋势并不是很明朗，如果要买进还需等待机会。

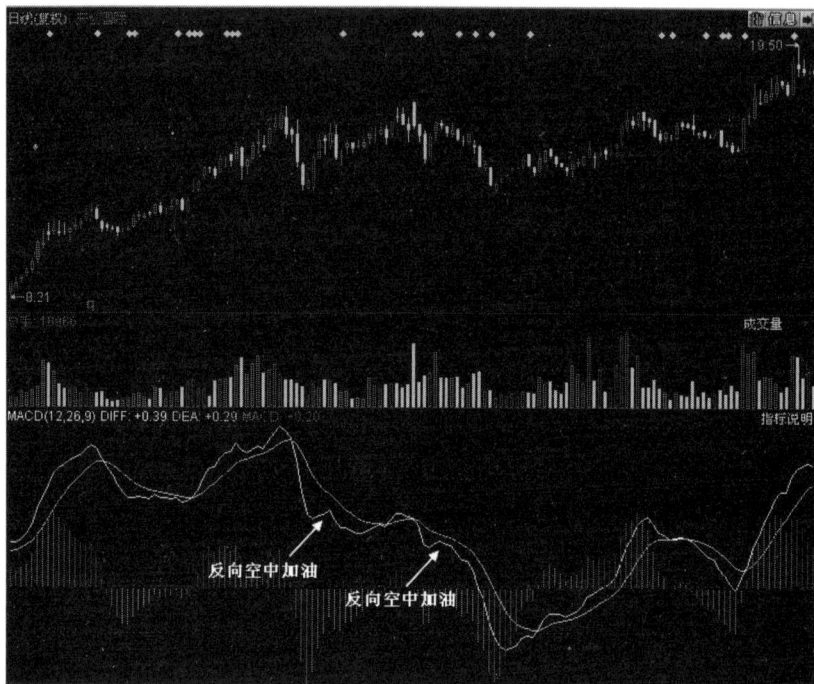

图 2-48　开创国际日线

5．底背离

背离并不能完全确定趋势已经发生转变，尤其是在中国股市中顶背离假的太多，所以这里只探讨底背离。当底背离和其他几个条件结合的时候，就会成为一个很好的判底工具。

在股票发生底背离的时候，并不能马上就确定趋势已经发生转变。还要考虑其他几个方面。

（1）这个股票是不是经历了长时间的大幅下跌。时间必须在半年以上，幅度要在 50% 以上。

（2）下跌速度是不是减小了。在 K 线图上变现为下跌的角度越来越小。

（3）向前复权之后股价不超过历史最低价的 50%。

这是一种保守的判断底部的组合，但是有很高的成功率。

例如啤酒花（600090）从 17.32 元开始下跌，跌破了 3 元，向前复权后接近历史最低价，跌幅远远不止 50%，时间一年左右。下跌过程中绘制了三条趋势线，可以发现下跌速度越来越小。这个时候下跌速度越来越小，因为股价越来越低，持筹的套牢盘惜售情结越来越浓，而且场外的资金也开始进场，这个时候虽然空头力量仍然占优势，但是空方力量越来越弱。这个时候出现底背离，往往是真的底背离，预示着趋势即将反转，如图 2-49所示。

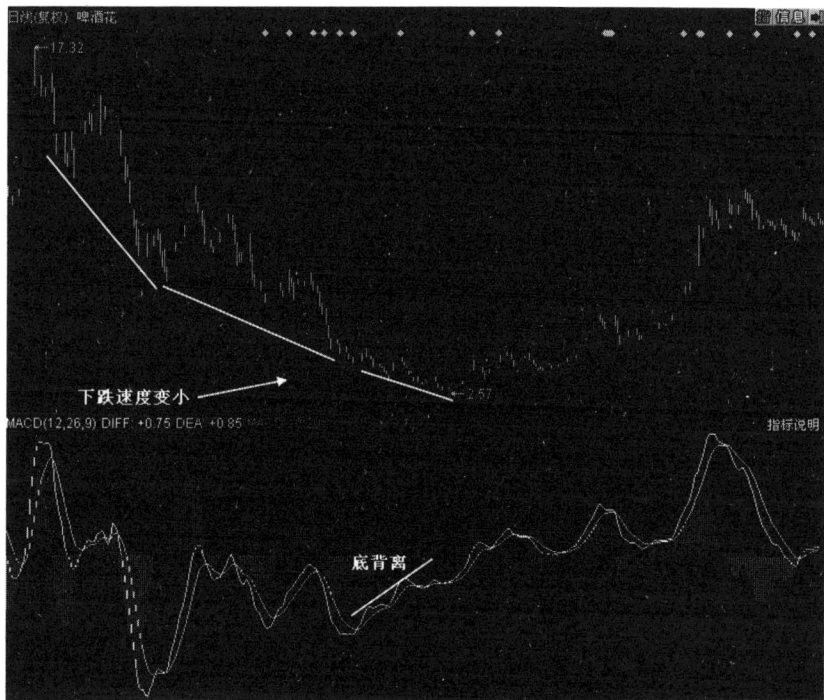

图 2-49　啤酒花日线

6．三碗不过岗

"三"有神奇的作用，很多事情当反复出现到第三次的时候经常会发生转机，例如上面介绍的空中加油、反向空中加油，经常是出现三次，然后趋势才发生反转。而底背离和顶背离多数时候它们的高点也最多三次，而后趋势才发生变化。

所以使用 MACD 推测股价未来走势的时候要多注意"三"这个数字。

二、大趋势的信号灯——SAR

SAR（Stop and Reverse）指标被称作抛物线指标，也被称作停损点转向指标，是由美国技术分析大师威尔斯·威尔德（Wells Wilder）所创造的，其特点就是简单易懂，是准确率比较高的一种技术指标。

让我们从名字上来看 SAR，首先是 stop，意思是停止、停损、止损。我们在本书的最开始强调了做股票止损的重要性，但是如果只设定一个固定的止损位来控制潜在的风险，很有可能在股票回调的时候卖出手中的大牛股，从而错失了赚取更大利润的机会。而最好的办法就是随着股价的波动来设定止损位，而 SAR 在如何准确设定止损位方面有其独特的功能。

其次是 Reverse，意思是反转、反向操作。这就要求投资者在股票价格达到止损位时，投资者不仅要及时进行平仓，而且还可以进行反向操作进行卖空，以谋求利益最大化，但是我国股票市场没有做空机制，所以当股票价格跌到止损位时，投资者可以平仓持币观望。

SAR 的计算比较烦琐，这里不做探讨。只要掌握好 SAR 的一般使用规则和我们实战总结出来的高胜率的 SAR 战法即可。

SAR 最大的特点便是简单，买点和卖点非常明确。在主要的上升段，短期的下跌调整并不能使 SAR 发出卖出信号，所以使用 SAR 可以有效防止被庄家的洗盘动作蒙骗。同样在主要的下跌段，短期的反弹也不能使 SAR 发出买进信号。另外，SAR 和其他指标相比，正确率比较高，如果你长期使用它来进行短线买卖，那么虽然不能买在底部，卖在顶部，但是可以抓住主要的上升段，避免介入较大的下跌趋势。

图 2-50 是西安饮食（000721）的周线图，如果使用 SAR，当 SAR 变红圈时买进，SAR 变绿圈时卖出，坚持这样操作，收益一定不错。

但是从西安饮食的周线图中也可以看出，SAR 最大的缺点就是不能在底部发出买进信号，在顶部发出卖出信号，信号的延迟现象很明显。

我们团队中长期使用 SAR 的高手总结出的 SAR 绝招非常简单，下面把几个绝招介绍给大家。

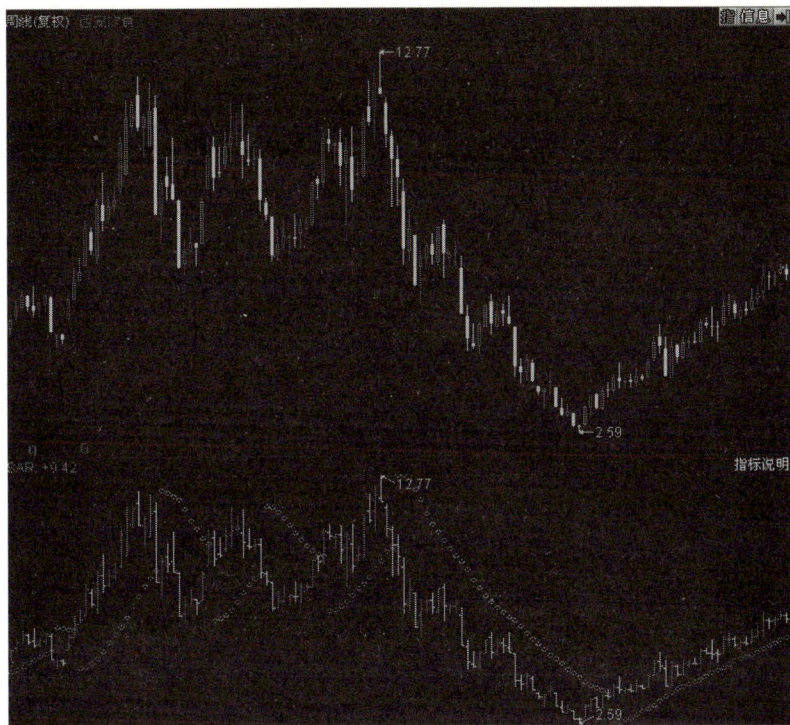

图 2-50　西安饮食周线

1. 傻瓜绝招

SAR 因为使用简单，因此被称作傻瓜指标，我们团队中使用 SAR 的高手告诉我，此绝招可以称作傻瓜绝招，使用周线上的 SAR 来决定是否进行操作，当周线 SAR 为绿圈时不进行操作，为红圈时才决定是否买进。然后看日线，在 SAR 红圈中买进，如果周线不变绿，不卖出。

使用此招最关键的是在一只股票上坚持反复操作，长期使用傻瓜绝招，必然是小输大赚。

2. 红肥绿瘦

在上升趋势中的调整是短暂的，这样就会产生 SAR 在上升趋势的大部分时间是红色，而下跌调整是短时间的绿色。这样当下跌趋势后出现 SAR 发生红肥绿瘦的时候，就可以确定一个主要的上升趋势，这样就可以确定一个中长期的买点，如图 2-51 所示。

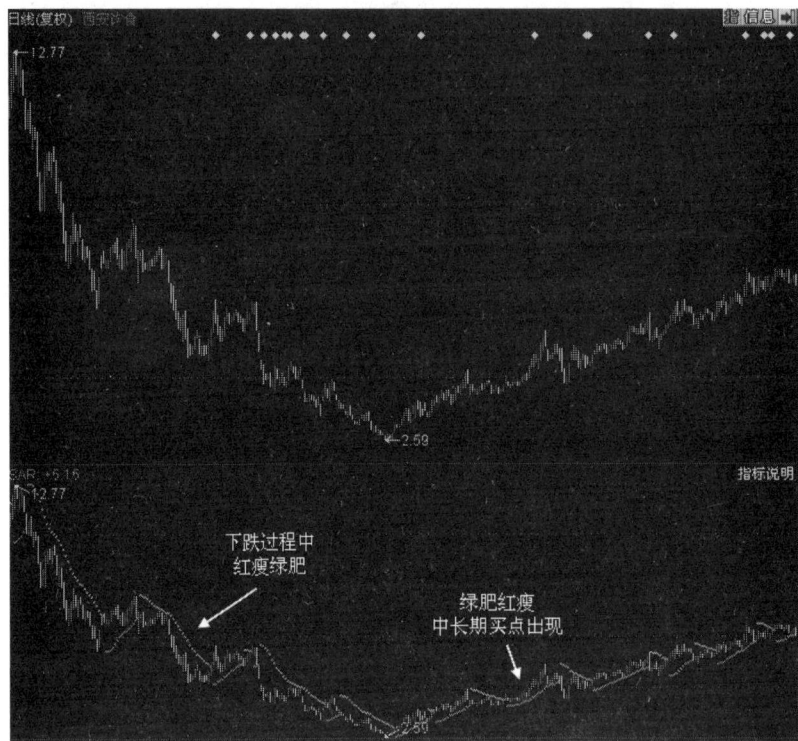

图 2-51　西安饮食日线

三、月线买进的指南针——SKDJ

SKDJ 是随机指标的一种，又称为慢速随机指标，和 KDJ 相比较，SKDJ 的波动比较快，形成的曲线比较曲折，所以看起来不是很直观，不利于买点和卖点的判断。

SKDJ 平滑了 KDJ 的曲线，使用两根线，这样会产生死叉和金叉，对投资者买进或卖出非常有帮助。但是 SKDJ 在日线中波动还是太频繁，信号过多很容易导致频繁操作，抬高买入成本。而且过多的假信号也很容易导致错误操作，让投资者买在山顶，卖在山底。

但是如果以月为单位，使用 SKDJ 来操作股票，则会有很高的胜率。

以图 2-52 韶钢松山（000717）月线图为例，我们在每个 SKDJ 产生金叉的时候买进，都会有一定的涨幅，说明 SKDJ 在月线图上是一个胜率很高的买进指标。

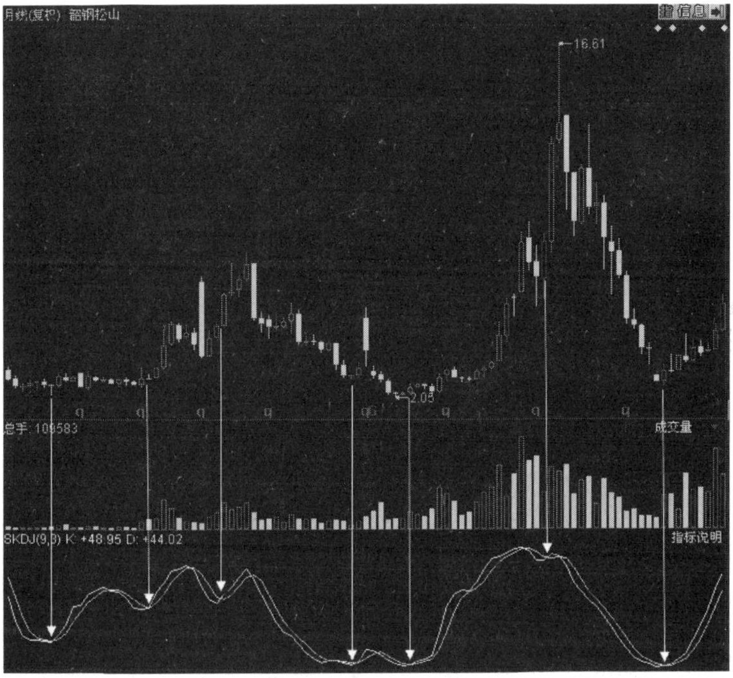

图 2-52 韶钢松山月线

但是如果在使用 SKDJ（参数为 9、3）的金叉买进后，在后面出现的死叉时卖出，反而大部分时候都会让我们得到的利润大打折扣，所以在使用 SKDJ 的时候也要多注意，它不是一个很好的可以判断卖点的指标。

四、著名的市场力度计——RSI

RSI 是由美国的威尔斯·王尔德在他 1978 年出版的《技术交易方法新观念》中提出，RSI 指标在期货交易中的使用尤其广泛。它是与 KDJ 齐名的指标。

RSI 指标是通过统计一段时期内的价格或价格指数的涨跌差异来分析市场上多空双方买卖力量的强弱程度，从而判断价格的未来走势。

一般而言，如果当日的收盘价高于开盘价，意味着多空双方力量对比的结果是多方强大；反之，则空方力量强大。如果比较一段时间内各个上涨交易日的涨幅之和（或均值）与各个下跌交易日的跌幅之和（或均值），便可以判断在这段时间内多空双方哪个力量更强大。RIS 就是根据这个原理来制定的指标。

传统 RSI 的使用方法是根据如下三个方面进行买进或卖出判断的。

1. 超买或超卖

一般认为，如果 RSI 大于 80，不仅表明整个市场的多方力量比空方力量强大，更说明多头过于亢进，市场反转先跌的可能非常大。这个时候不是一个很好的买入时机，也就是超买，但是比较好的卖出时机。

如果 RSI 小于 20，说明空方力量占优势，主导着整个市场，但是空方的卖出已经超出了理性的范围，也就是超卖，后续行情反转上涨的可能比较大，此时是比较好的买进时机，如图 2-53 所示。

RSI 为 50 是市场强弱的分界线。

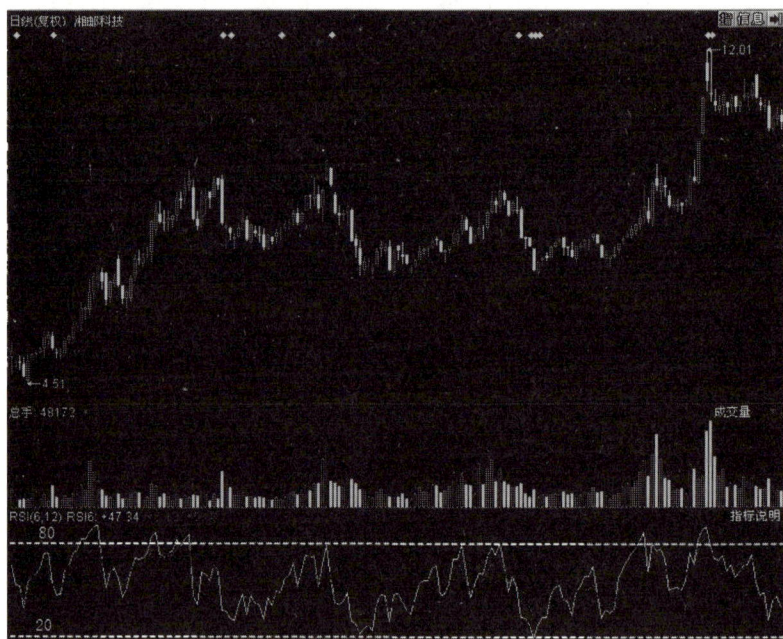

图 2-53　湘邮科技日线

2. 背离

RSI 会随着市场的上涨而变大，随着市场的下跌而变小。如果 RSI 的走势变化和市场的走势相反，就会出现背离。和其他背离相同，RSI 的背离有顶背离和底背离。出现背离现象意味着市场将会发生反转，趋势将改变，如图 2-54 所示。

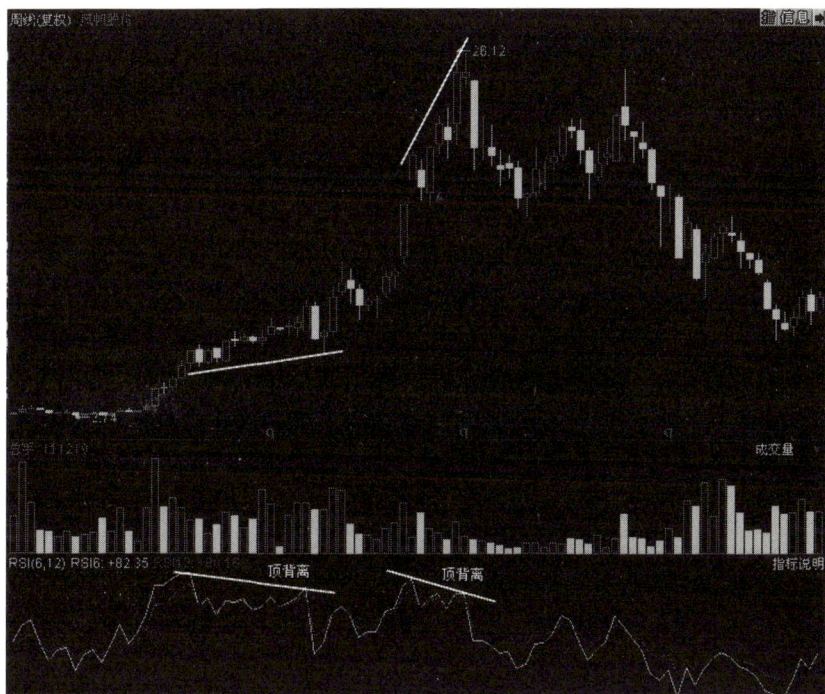

图 2-54　风帆股份周线

3. 金叉和死叉

当短期 RSI 上穿长期 RSI 时产生黄金交叉，发出买进信号。当短期 RSI 下穿长期 RSI 时产生死亡交叉，发出卖出信号。

由于 RSI 过于出名，所以 RSI 经常成为庄家骗线的工具。上图中的第一次顶背离，就是一次假的顶背离。而对于一些老庄股，在上涨阶段，RSI 长期处于超买阶段，但是股价就是不见下跌，天天上涨。而在上涨趋势中的反弹阶段，RSI 金叉之后往往没几天就随着反弹的结束又变成套牢投资者的死叉。

但是如果你喜欢用传统方法来使用 RSI，那就需要对自己的操作作一些改进，来提高操作的胜率。

（1）在周线或更大周期的股票走势图中使用 RSI 的金叉和死叉进行买卖。并且使用 12 和 30 作为参数的两线系统。

（2）不要去关注背离现象，在中国股市中 RSI 背离后趋势发生反转的概率不是很高。

（3）在上涨趋势中对于 RSI 值大于 80 的，没有使用其他方法确定发生反转的时候，不要急于卖出。同样在下跌趋势中，如果 RSI 值长期小于20，这并不能成为你买进的理由，而应等待时机，使用其他方法确定其反转后再买进。

总之，RSI 在中国股市并不算一个很好的指标，如果你是一个初学者，建议了解一下这个指标就可以了。如果你坚持使用 RSI 来进行操作，最好再使用一些其他辅助的方法来判定买点和卖点。

第三章

有量就有钱

股谚云"新手看价，高手看量"，成交量在股市分析中从来都是最直观的重要因素。

成交量也很容易作假，主力可以使用特殊的软件，同时操作分布在全国各地的很多账户进行买卖，这样就可以通过对倒造成一种放大量、成交活跃的假象，来掩护自己出货或是吸引跟风盘推高股价。另外一种常用的手段就是在挂假单、刚要成交的时候撤掉，给人一种买盘或是卖盘很多的假象，来吸引跟风盘或是吓退买盘。

但是，冷静客观地分析让这些假象显出原形之后，成交量的一些规律仍然可以指导我们进行买卖，它是一个很优秀的指标。

⇒ 第一节　成交量验证趋势

经典的道氏理论告诉我们，成交量是验证价格趋势的一种重要因素。在大趋势上升时，成交量应该随着价格的上涨而增加。而在上涨的大趋势中，下跌调整小趋势的成交量应该是减少的；在大趋势下跌时，成交量应该随着价格的下跌而增加，随着价格的调整上涨而减少。

以图 3-1 为例，在中国这种只能做多的特殊的单边市场中，股价和成交量常常有这样的一些规律。

（1）在上涨的趋势中，成交量是逐渐增加的。在上涨大趋势中调整下跌的小趋势中，成交量大部分时候是下跌的。

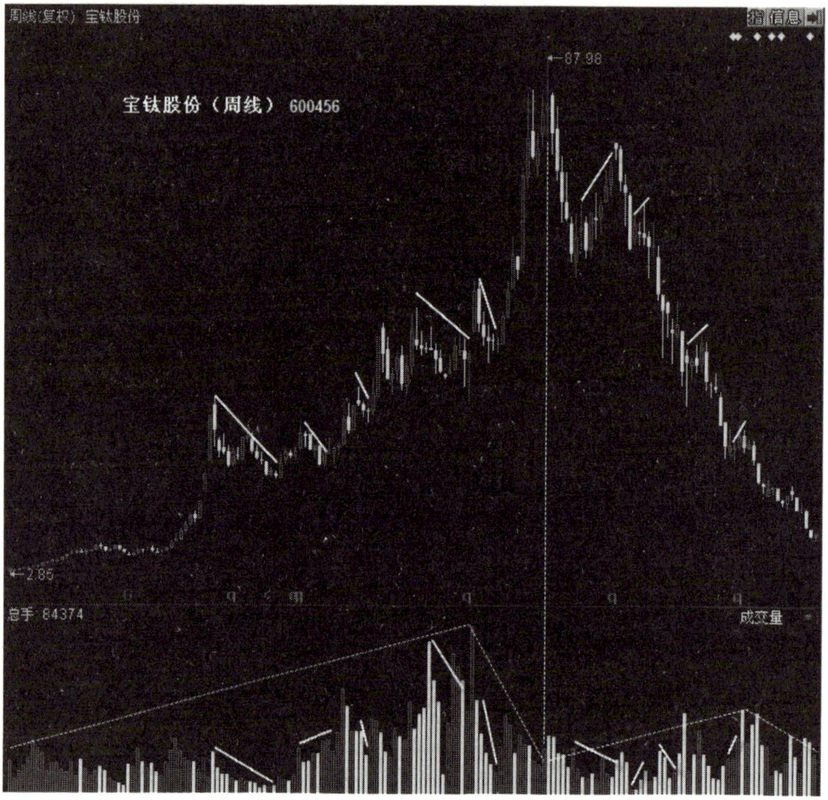

图 3-1　宝钛股份周线

　　不同于道氏理论中关于上涨趋势中的小调整趋势中成交量是萎缩的。在中国股市中，有时候上涨中调整的成交量也会有所放大，但是这种情况比较少。出现这种情况，往往跟主力对倒洗盘有关，主力为了在拉升前吓阻跟风盘或是清洗出其中的一部分不坚定的股民，往往用对倒的方式制造量价背离或放大，给人一种趋势即将反转下跌的假象。而洗出来的筹码，则被主力暗暗吸走，造成成交量放大而股价下跌的现象。

　　（2）在下跌趋势中，第一次较大的反弹经常是缩量的，其他时候的反弹则不一定。

　　下跌趋势中第一次反弹的时候很多场外观望者都不再认可现在的价位，部分持股者在股价下跌不多的时候有惜售心理，所以成交冷清。第一次较大的反弹往往接近上涨趋势中的最高点，这个时候筹码开始松动，较少的卖盘很容易就把股价打压下来。

但是，在中国股市只能做多的这个单边市场中，随着股价的下跌，部分场外投资者在没见底前就认为股价已经很低，便急着进场，短期的反弹让部分投资者解套出局，所以这个时候的反弹成交量很容易放大。

（3）上涨和下跌趋势的末端，成交量逐渐减少。

成交量增加，而价格减少，造成了量价背离，形成了趋势反转的信号。

第二节 上涨的信号，放大的成交量

有人买、有人卖本身就是一种可以解决的"分歧"。这种"分歧"在市场上最终被撮合"成交"，同时被解决。成交量越大，说明分歧就越大。如果为缩量，则是一种对价格不认同的分歧，买的不愿进场认为价格太高，卖的不愿出售认为价格太低。

如果一只股票长期在一个价格带缩量调整，那就说明这个价格区域是多空双方存在分歧无法进行交易的区域。股价要突破这个区域上涨，只有多方出更高的价格，而高价必然让成交量放大。

2006年7月14日长航凤凰（000520）这只股票在除权之后，并没有延续前期的上涨行情，而是选择缩量盘整，股价在3.00元到3.50元之间振荡了3个月左右，成交量比前期上涨阶段明显萎缩。显然，多空双方对这个区域的价位存在争议，持有筹码者认为价格过低不愿卖出，想买进的又觉得价格过高不愿买进。

2006年11月13日，这只股票下跌击穿了盘整区2.98元的最低位，但成交量未见明显放大，之后股价最低下探至2.78元。很明显这是主力拉升前的一次洗盘动作。

在走出一个短期圆弧底之后，主力开始放巨量上涨，并成功突破了3个多月的缩量盘整区。但是主力并没有选择继续拉升，而是以十字星见顶，之后再次缩量洗盘，如图3-2所示。

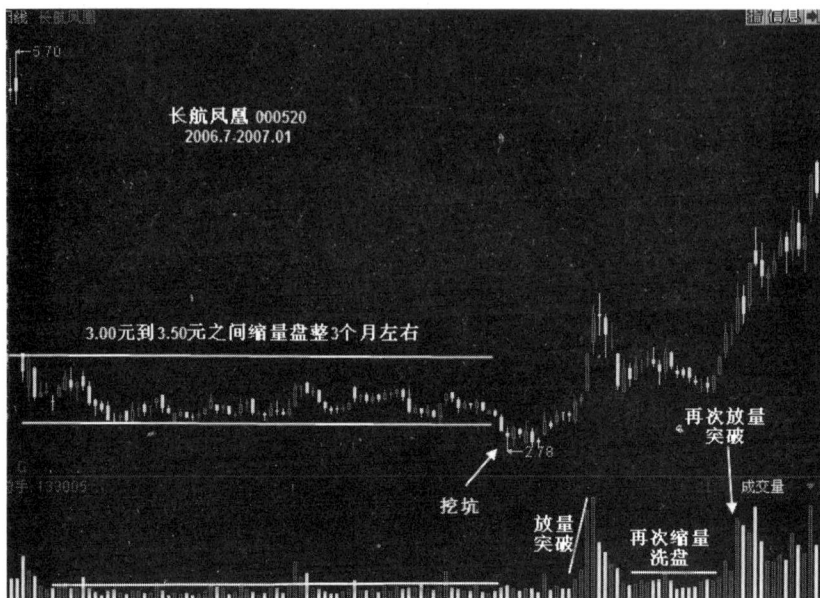

图 3-2　长航凤凰日线

　　一个月后，主力再次放巨量上攻，我们团队也开始进入，在关键时刻偷偷吃掉一部分卖单，暗中要分主力一块蛋糕。很快，股价突破了前期的十字星高点，前方除了获利盘抛压之外再无阻力，股价一路上行，最高上涨到了 14.76 元。

　　这种放大量突破的形态很多，虽然个股有所差异，但是都有以下几个共同点。

　　（1）要突破一个缩量盘整形成的阻力区，必须要很大的多方力量，所以主力突破阻力区时经常出现放大量的现象。

　　（2）放量突破阻力区，之前和之后经常有主力杀跌洗盘的动作。确认杀跌洗盘的依据只能是股价再次突破前期高点或是盘整阻力区再创新高。在突破阻力区之后也有再次回抽阻力区，这也是一种洗盘动作，目的是吓阻跟风盘，甩掉不坚定的筹码，在股价起飞前作最后一次调整。

　　（3）上涨中的缩量盘整有多种形态，例如三角形、矩形等。

第三节　能量潮

　　要确定几天的成交量是在减少还是在增加，如果这几天中有那么间隔几天不规律的成交量放大或是减小，就给下一个确切的结论带来很大的麻烦。

　　在意识到这一问题之后，格兰维尔在 1963 年提出了能量潮（OBV）的概念。能量潮将成交量数量化，制成趋势线，为技术分析的爱好者结合股价分析趋势带来了极大的方便。

　　OBV 的计算很简单，以某一天为基日，逐日累计每日上市股票的总成交量，如果隔日股票上涨，基数 OBV 就加上此日成交量为本日 OBV，如果隔日股票下跌，基数 OBV 就减去此日成交量为本日 OBV。OBV 单独看并没有多大的意义。如果配合 K 线图则可以很好地分析股价趋势。

　　如图 3-3 中使用了 OBV，在燕京啤酒的周线图中发现反转是多么容易。因为在反转点以后的 OBV 已经跌破了前面长期的 OBV 线走势形成的支撑线。

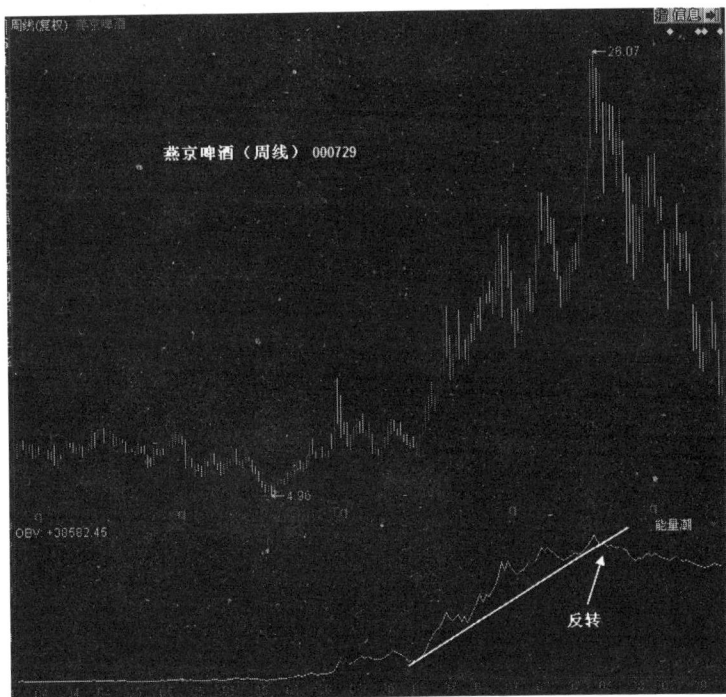

图 3-3　燕京啤酒周线

77

股价的运行方向应该和 OBV 线运行方向一致。当股价趋势向上的时候，OBV 线也向上运行，当股价向下的时候，OBV 线也向下。如果股价和 OBV 线运行方向相反，则背离出现，警告股价将会发生反转。

中国股市中的坐庄现象比较多，尤其是一些长庄，往往喜欢在低位吸筹，然后拉升股价之后高位派发来获利。庄家在低位暗暗吸筹，但是持续的买进会不断地推高股价，这时候主力就会打压小有涨幅的股价。在 OBV 上庄家的踪迹却清清楚楚，庄家的这种吸筹和打压循环的行为推高了 OBV，和被打压下跌的股价形成底背离。

长航凤凰在 2006 年下半年的箱体振荡走势中，主力暗暗吸筹，不断打压股价。但是 OBV 却不断被推高，和股价形成两次明显的背离，如图 3-4 所示。

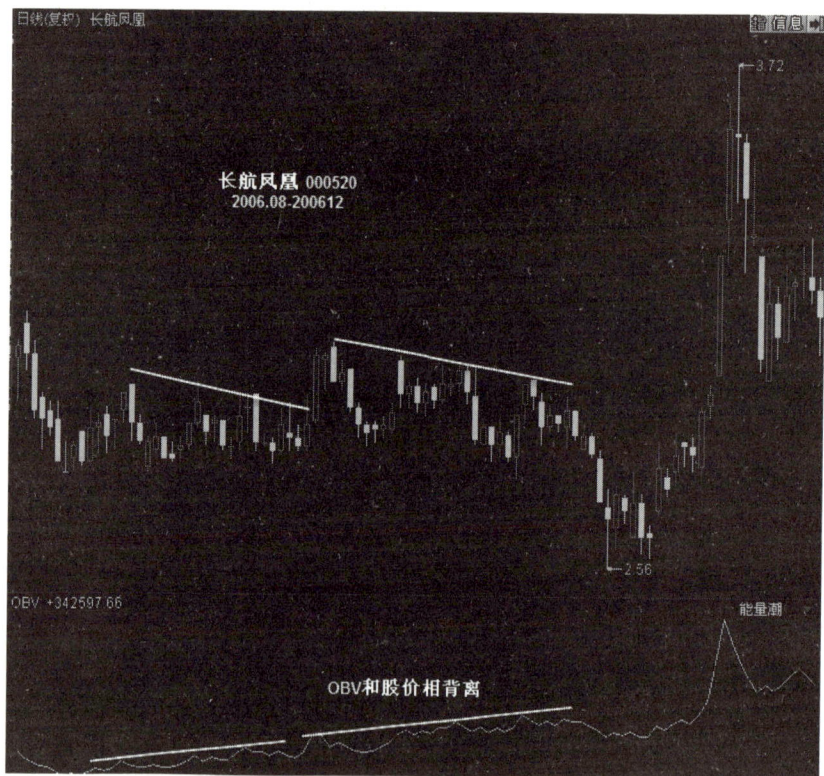

图 3-4　长航凤凰日线

第四节 成交量陷阱

股市中流传的传统说法认为，在股票有一定涨幅之后放大量，是一种庄家出逃的行为。其实庄家是否出逃，从 K 线图上来看很难判断。

正是因为广大股民的脑海中形成了这种固有的普遍说法，很多庄家往往反向操作，把跟风盘在拉升之前洗掉。

2007 年 1 月初的时候，宝钛股份（600456）这只大黑马已经从底部的 2 元多上涨到了 43 元多，此时大盘也开始在 2 700 到 2 900 多点附近振荡，同时，大盘和宝钛股份在盘整时的成交量没有减少，反而在反弹时也增加。经过四个多月的漫长调整，股价在 2007 年 6 月 5 日这一天创下 31.09 调整以来的新低，随后股价缩量反弹，并且在 6 月 11 日这一天地量涨停。12 日继续涨停开盘，但盘中空方砸出大量出逃。当天创出了历史天量，如图 3-5 所示。

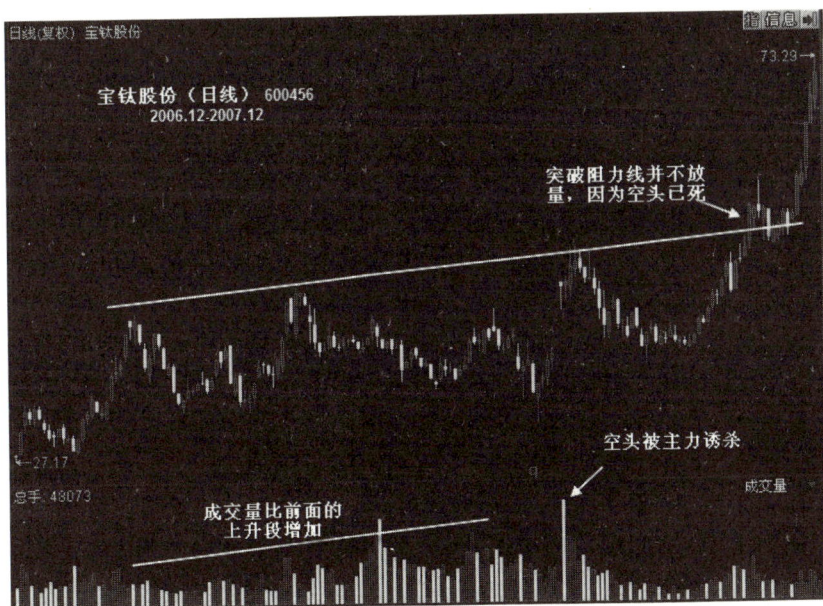

图 3-5 宝钛股份日线

针对这种涨停后的巨量，我们可以推测有以下几种可能。

1．主力出货

借涨停吸引跟风盘，然后对着买单往下砸，直接吃掉下方跟风的大买单（完全有这种可能）。但是股市中很少看到在几个月的调整之后用这种方式出货的，而且选在前期两个高点附近来做这种事情，上方的抛压本来就比较大，因此不是很好的选择。

2．主力减仓

如果主力在盘整区减仓，本来大盘也处于盘整中，并不能很好地配合主力减仓，如果这个时候主力减掉手中的筹码，股价一定被打压得不成样子。当然主力选择用这种拉升途中减仓的方式可以吸引跟风盘缓解对股价的打压，但是唯一不妙的地方就是去前面讲的这个时候的价位处在前期的两个高点附近。

3．套牢盘平仓

盘整中新进的股民熬不住长时间的盘整，在涨停的时候平仓出局（有这个可能），但是量不应该有这么大（能够创出历史天量）。另外，主力在操作的时候也会小心地保护自己手中的资金，不会那么轻易地让人吃掉用来封涨停的筹码。

4．主力诱空

这个时候大盘2 900多点，已经超过了上个牛市的高点2 245点，前方并没有多大阻力，大盘的成交量并没有减少，这个时候后市前景大好，所以主力在这个时候选择诱空完全有可能。主力通过在前期两个高点附近制造放天量的假象，给人一种减仓、出逃或无力突破的假象，诱杀不坚定的多头和基于获利出逃的空头，为以后继续拉升洗盘。

放天量后的两天股价继续拉升，但是两个带长上影线的阳线给人一种拉升无力的感觉。然后股价开始缩量下跌。

下跌之后的反弹量放地不大，但股价却悄然翻越前期高点，短暂回抽之后又继续上涨连创新高。这是最让人豁然开朗、茅塞顿开的时候，对于天量的解释，只能是主力诱空，吃掉筹码后又开始拉升。

牛市盛宴最疯狂的结尾阶段，是一群傻子幻想着发财致富，抱着筹码不肯丢弃的时候。2 900点附近大盘的调整以及同时期宝钛股份的调整，成交量都较以前有所放大，说明在这个位置大盘和宝钛股份都有大量的筹码被交换。没拉升前新进的持股者并没有多少利润，这些人会抱着筹码继续在大泡泡中当傻子。

在大盘和股价连创新高，而新进股民的惜售气氛很浓的时候，主力反向操作，派发手中筹码无疑是最佳时机。而离最后一次调整时近一倍的股价范围，更留给了主力足够的空间出逃。

不同于上面的分析，图 3-6 中的八一钢铁（600581）两次放大量之前都已经涨幅不小。第一次从 1.55 元一路上涨到第一次放大量时的 4.97 元，涨停之后上方的抛压应该不小，主力在这里多翻空，借此机会洗盘。当天放出大量中的大部分筹码应该是主力自己吃掉。

而 2007 年 5 月到 2007 年 7 月间大盘处于 2 900 点附近的调整中，但在连放巨量的两天大盘风平浪静，前面跳空放量的大阳线，显示出强劲的多方力量。

而后面却出现换手率 20%多的阴线，原因有如下几种可能。

1. 出货

前面的阳线也有 20%多的换手率，如果是出货，前面应该是小阳小阴，没有必要使用大阳线浪费子弹。如果是获利盘出逃，则 20%多的换手率太大，哪里会突然冒出这么多的买盘，所以并不真实。

2. 减仓

大盘虽然风平浪静，但涨幅不小，这个时候选择减仓，在大盘调整后再次进入可以降低成本。

3. 诱空

涨势过猛，跟风盘太多，这个时候选择多翻空，可以有效地吓退跟风盘，并且迫使不坚定的获利盘出局。以后上涨的过程中，通过筹码的置换抬高了持股者的成本，减少了抛压。这样可以轻易把股价拉升到更高的位置。

对比上面分析的三种情况，陷阱 2 最有可能是减仓或是诱空。像八一钢铁在底部盘整时间长，可以推测主力实力强劲、目光远大，诱空的可能比较大，如图 3-6 所示。

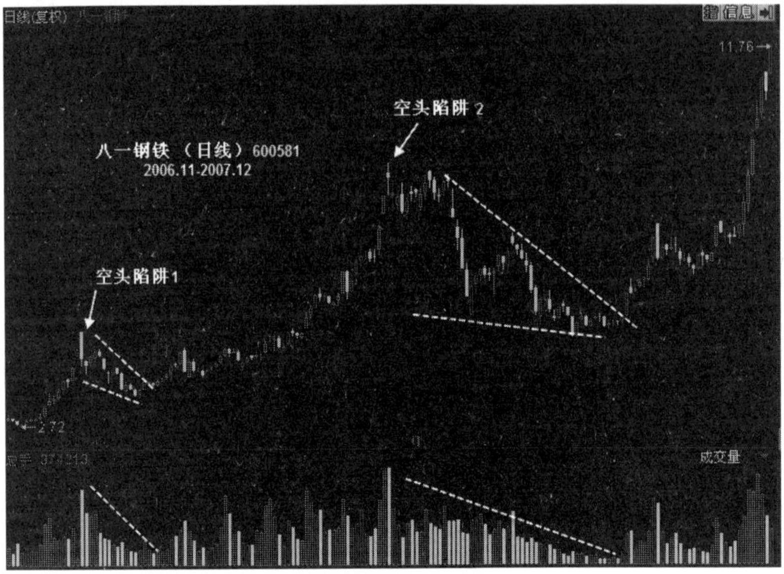

图 3-6　八一钢铁日线

　　牛市中，通过短时间放大量出逃的主力很少见，大都是在拉升的过程中减仓。像上面介绍的几种放大量的行为，在牛市中往往是主力故意制造的空头陷阱，给人一种主力出逃，股价见顶的假象，实际是为了洗盘，减少上行过程中的抛压，为更大地拉升做铺垫。

　　要避免被这种空头陷阱所欺骗，最好结合大势作好分析。如果自己分析不清楚，可以先出局观望，等缩量调整完毕，再次上升超越前期高点的时候再进入。

第五节　挖坑

　　主力常常在拉升之前进行凶狠地洗盘，也就是常说的拉升前挖坑。但是在实战中却很难区分这种洗盘和顶部出货，有时候抛掉后才发现是一条大鱼，有时候没抛掉却被套，在山顶站岗放哨让人后悔莫及。作为一个炒股高手，必须学会识别在这种拉升前的挖坑行为。

　　确定主力是挖坑后再买进往往能抓住最佳的买点。

挖坑有以下几个特征。

（1）前期成交量大都温和放大，股价回升。挖坑开始时成交量开始萎缩，然后成交量随着股价的再次回升放大。成交量总体上呈坑状；

（2）股价在下跌后又会重新回升，最后形成一个坑状结构；

（3）时间最长不超过 30 个交易日；

（4）股价再次回升超过前期高点时是个很好的买点，但是有的高控盘主力不会把这个买点留给任何人。因为股价再创新高，使挖坑这种空头陷阱暴露，会吸引大量的跟风盘，所以主力在这个时候会使用各种手段尽力不让跟风盘买进。

[例1]　杭萧钢构（600477）从 2006 年 8 月 8 日起走出一个小幅攀升的楔形，其中阳线大都放出量来。从 2006 年 10 月 26 日开始缩量下跌，最低跌至 2.13 元。到底后以小阳线爬升，升至前期高点时又走出横盘整理状，同年 12 月 28 日放出换手率 13% 多的巨量上冲前期高点，最后以失败告终，K 线上留下了较长的上影线，但出乎意料，之后成交量却逐渐放大，小角度爬升超越了横盘区，股价最高涨至 24.20 元，如图 3-7 所示。

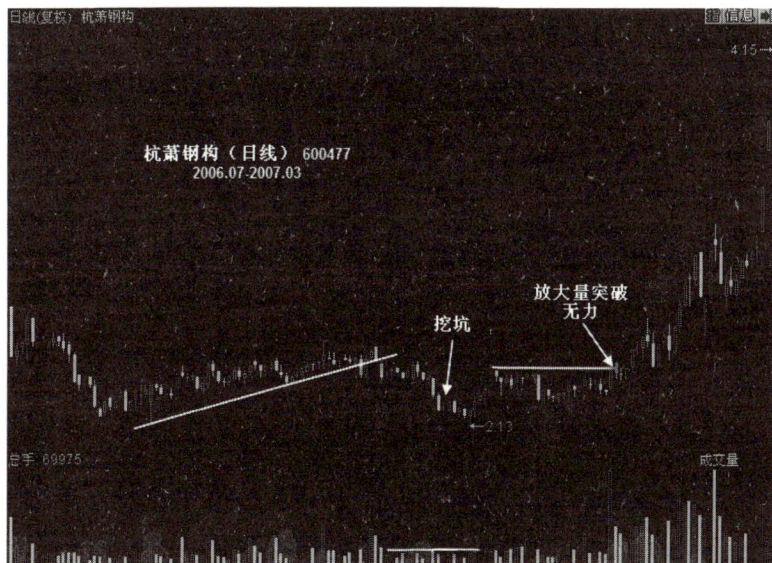

图 3-7　杭萧钢构日线

现在回过头来看这只股票，主力早就在横盘区吸足了筹码，横盘区每日阳线放量，然后阴线打压，是主力吸筹惯用的手法。而后的挖坑，甩掉了不少不坚定的持股者，而这些筹码都被主力收入囊中。挖坑洗盘动作过分明显，在成交量和股价上都留下了弹坑，自然吸引了不少老练的短线高手的目光，但是主力这个时候并没有选择拉升，而是巧妙地在短时间横盘整理后做出放大量突破横盘位失败的假动作，骗走了很多跟风盘的注意。然后的小幅上涨也是边拉边洗，手段极其老练。

[例2]　福成五丰（600965）在2005年12月小幅上涨之后并没有进入主升段，而是从2006年1月开始继续盘整，调整形态最终走出一个三角形，在三角形被突破的时候，成交量并没有明显放大。突破不久，股价开始连续阴跌，甚至跌破了盘整区，给人一种破位向下的假象。成交量和股价都被砸出了一个明显的坑。在四根小阳线反弹后，主力开始连续涨停，并在上升途中制造出天量和高开低走大阴线的空头陷阱。拉升幅度不大，4.36元短期到顶后便又开始反复振荡，如图3-8所示。

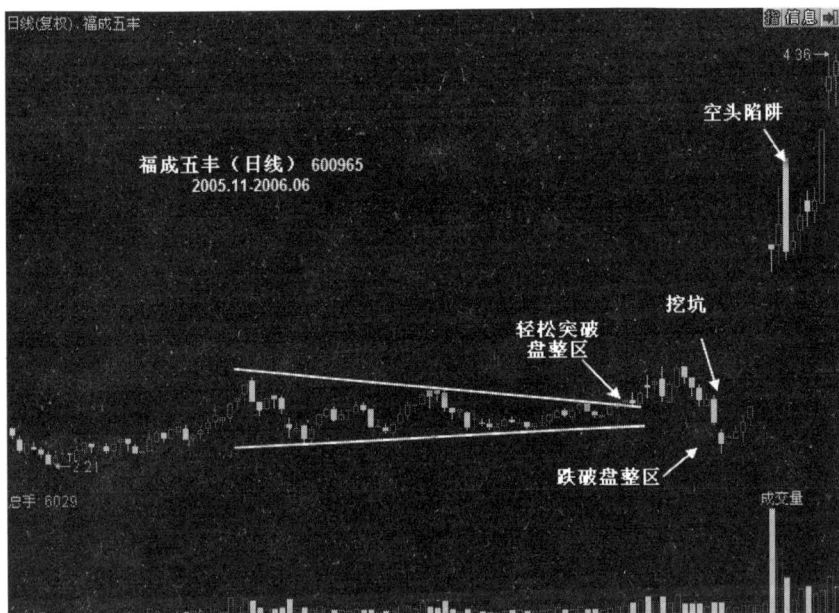

图3-8　福成五丰日线

　　而拉升过程中主力通过挖坑震出部分筹码，拉升过程中连续涨停让跟风盘望而止步，然后又在拉升中途制造大量出逃和大阴线杀跌的假象，都是为了吓退跟风盘，让追逐短期利润的短线客无从下手。而 4.36 元到顶后的调整更是为了更大的走势作准备，此股最终上探到了 12.56 元。

第四章

实 战 黑 马

　　道氏理论无疑是现代股票技术分析的根基。在实战中，道氏理论关于成交量的经典论述对提高实战有很大的帮助。成交量往往可以验证趋势，帮助操盘手顺势而为。放大的成交量还经常成为上涨的信号弹。

　　而道氏理论之后的各种股市理论和规律是股市高手判断趋势，推测股价未来走势的利器。经过长期刻苦的操盘训练，这些技术分析理论和规律成为我们私募团队在股市战斗中的法宝。我们在中国股市中使用技术分析后发现了黑马，从主力和庄家身上割下一块块"肥肉"，实现了私募的光荣和梦想。

🔄 第一节　洪都航空 600316

　　了解历史是为了展望未来。在操作一只股票的时候，我们对关于这只股票各个方面的信息都应该了如指掌。这些信息应该包括股本结构、股东、财务报表等。虽然这些信息并不能直接影响我们的操作，因为市场价格包含一切，是消化了所有因素的结果。但是掌握这些信息却可以增加我们操作的自信。人的天性中往往有这样的现象，对自己熟悉的事物操作起来要比陌生的更加自信。我们这只私募团队中的操盘手，在长期刻苦的训练后对深沪两市每只股票各个方面的信息都滚瓜烂熟。要掌握这么多的信息，成为一个股票高手，就必须下工夫。

一、第一阶段

　　2004年10月22日洪都航空跌到了历史低价2.77元之后开始短暂反弹，

但是量能配合得不够理想。1 个月左右的小幅反弹结束后，洪都航空再次进入调整，成交量明显萎缩。两个多月的调整，空方再无力击穿 2.77 元的历史地位，如图 4-1 所示。

在 9 月初跌至调整行程的下行通道下线时，股价再次反弹，但是 9 月15 日的这次反弹放出了和前期相比比较大的成交量，并突破了 L1，然后短暂回抽 L1 之后连拉阳线，放量上涨。

在股价突破调整通道上线 L1 之后我们就开始分批进入。因为我们每次操作资金数量都比较大，所以不得不小批量多次买进，以免引起潜伏其中主力和跟风游资的注意。

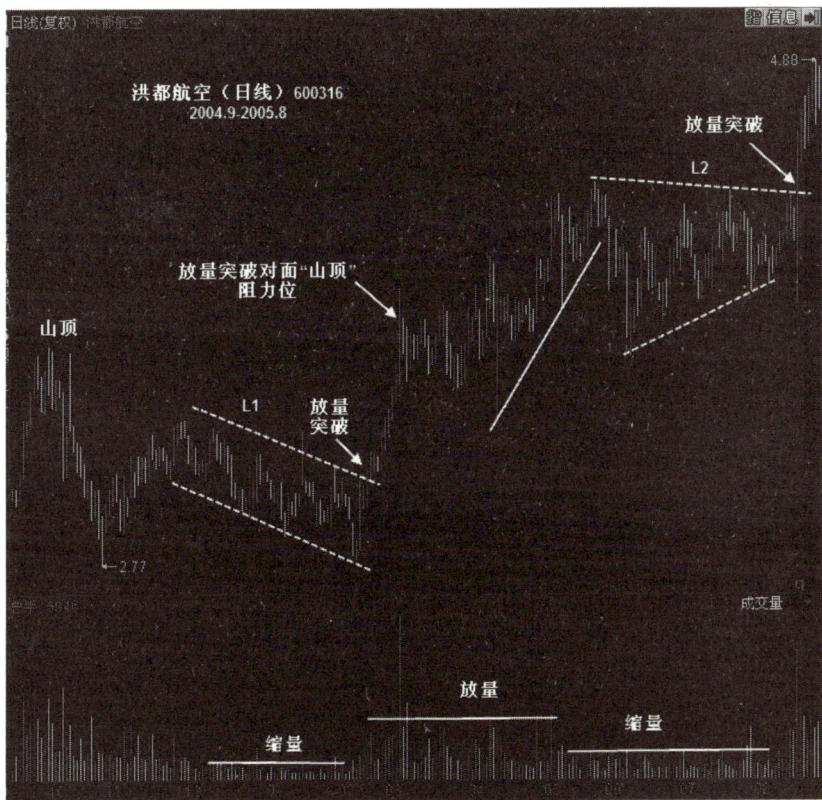

图 4-1 洪都航空日线一

股价上行至 3.5 元附近，面对对面山顶成交区产生的压力，主力直接放大量吃掉了蜂拥而至的卖盘，当然，这其中也有我们买进建仓给主力加的一把力。为了不引起市场太大的注意，当天收盘时股价被抛盘打压，带上了一个上影线。即使这样，当天放出的巨大的成交量还是引起了市场的不少关注，主力在这个时候只有选择调整洗盘，来甩掉短期游资的跟风。

对"山顶"短暂的调整结束之后，主力边拉边洗，一路上涨至最高 4.37。这段过程中，阳线放量，阴线缩量，走势非常健康。

这个时候上证指数逼近千点大关，大盘不见反弹，仍然熊像不改继续下跌，击破千点似乎就在眼前。

洪都航空这个时候再次选择了盘整，成交量萎缩。

2005 年 6 月 6 日，上涨指数跌破千点，最低下探至 998.23 点。

6 月 8 日市场报复性反弹，洪都航空上涨 8.6%，但成交量并未放大。

经过漫长的调整直到 2005 年 8 月 10 日才出现转机，主力放量一举击破几个月调整形成的压力线 L2，短暂回抽之后，继续上涨。在主力突破 L2 回抽时，我们团队果断进行了加仓。

洪都航空的这波行情一直上涨到 7.53 元才进入中期调整。

二、第二阶段

中期反弹股价不断创新高，我们在 6.88 元附近减掉了一部分仓位。2006 年 1 月 3 日，洪都航空跌至停板位，当日换手率达 11.38%。在这个位置多空较量非常激烈，前面 2005 年 12 月 5 日低点 5.59 元被击穿，2006 年 2 月 8 日再次创出短期新低 5.57 元。

但新低之后洪都航空却是小阳线小幅上涨，成交量也有所放大，最后再次创出新高。

突破盘整区不放量创出新高，可见空方力量的微弱。在大盘形势大好的背景下，我们再次买入，如图 4-2 所示。

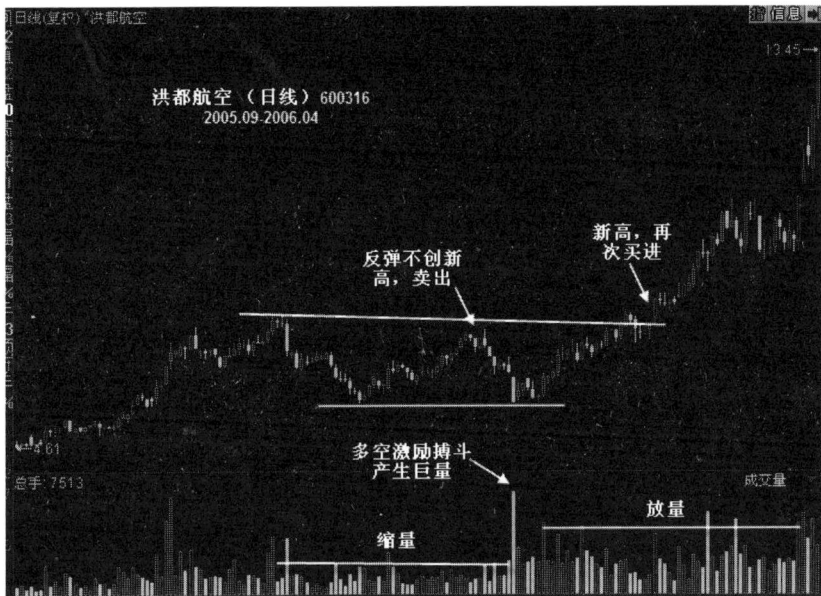

图 4-2　洪都航空日线二

三、第三阶段

洪都航空这只大牛股，被我们牢牢抓在了手中，股价一路狂飙，最高上涨到了 30.70 元。

在产生 30.70 元的前一个交易日，走出缩量光头光脚的大阳线，给人一种次日还会延续前期疯涨的行情。果然次日涨停开盘，但是在吸引了足够多的跟风买单后，突如其来的卖单开始对着买单砸，主力疯狂地出货将股价打到了地板上，当日跌停收盘，如图 4-3 所示。

通过盘口观察，筹码已经非常分散。于是我们团队开始有计划地开始减仓。2006 年 9 月底的反弹，成交量也没放大，而且在 9 月 19 日主力再次诱多出货。面对种种头部特征，我们果断地在 24 元附近平仓。

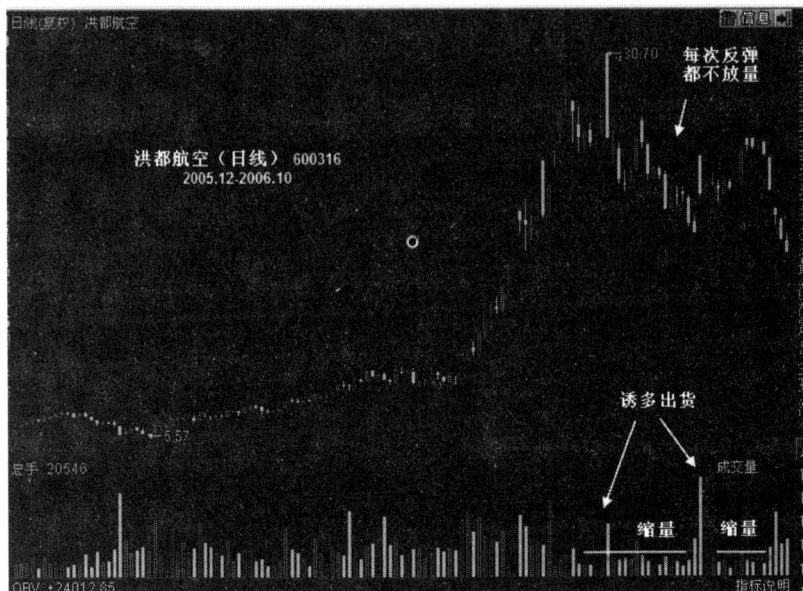

图 4-3　洪都航空日线三

第二节　航天动力 600343

一、第一阶段

航空动力在 2005 年 7 月 15 日走出历史低价 2.68 元后便开始上涨，成交量温和放大。到 9 月 27 日上冲乏力后开始缩量盘整，调整探底 3.15 元后，下跌无力，然后开始小幅上涨，但成交量不见明显放大。上冲到前期高点无力创新高后市场选择了再次短暂调整。

2006 年 3 月 7 日，航空动力成交量开始放大，随后边拉边洗，放量冲破盘整 5 个多月形成的压力线。在放量突破的位置，我们团队的资金开始进入。

在 5 月 19 日和 6 月 2 日两次上冲失败后，K 线图上的头部特征已经非常明显，我们在 8.3 元附近进行了平仓，如图 4-4 所示。

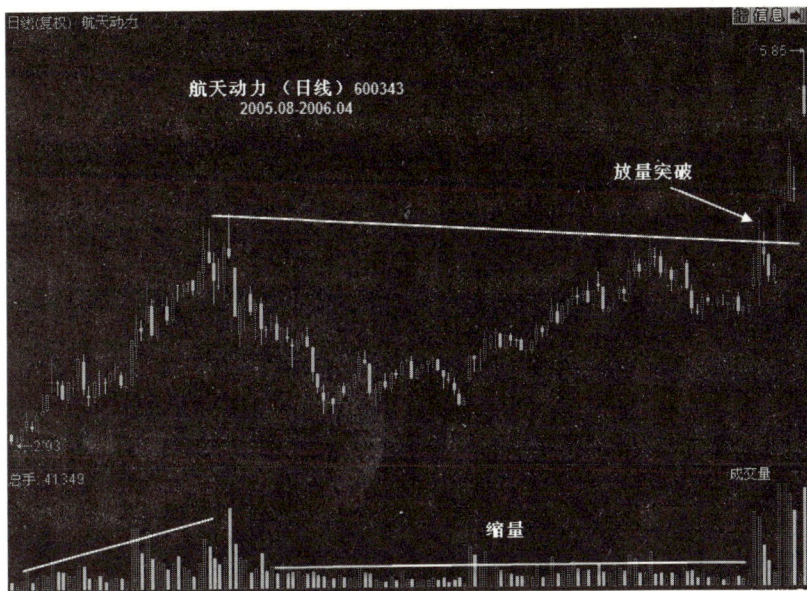

图 4-4　航天动力日线一

二、第二阶段

2007 年 1 月 19 日，航天动力再次放出大量来，引起了我们团队的密切注意，稍加分析我们欣喜地发现，航天动力已经顺利地翻越了从 2006 年 10 月 16 日缩量调整以来的压力线 L2，并已经进行了回抽确认，如图 4-5 所示。

20 日航天动力高开，我们虎口拔牙，帮主力吃掉了上方的买单，股价被封在了涨停上。

航天动力在大阳线翻越长期压力线 L1 后，最高上涨到了 16.14。

然后将近两个月的时间小幅振荡，回抽 L2 短期见底。

见底后上冲至最高 23.48 元，我们在见顶下跌后的第一次反弹时的 19 元附近平仓了结。

此股在 2007 年 7 月到 2008 年 12 月大型反弹至 23.63 元后，一直下跌。到 2008 年 11 月才在 4.51 元附近见底。

在牛市中，坚持持股才是赚钱的最佳方式。但是像我们这样的波段操作，只抓住主升段，可以提高资金的利用率。

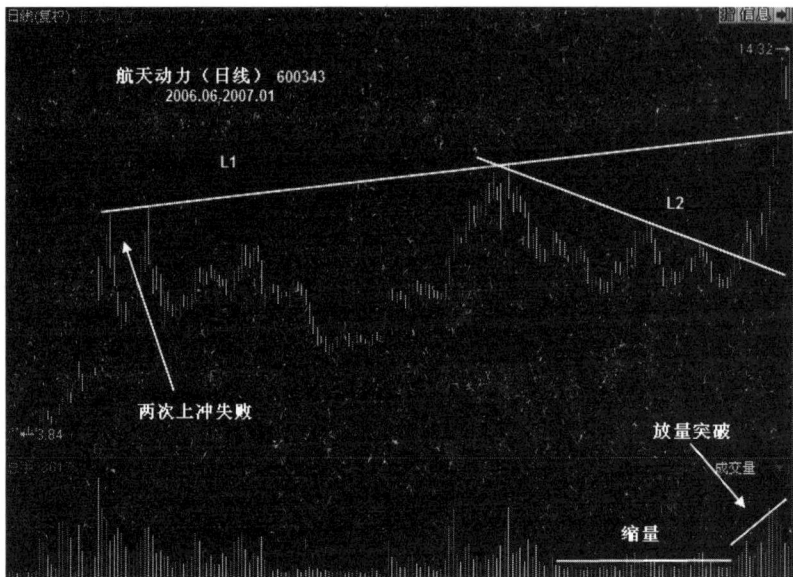

图 4-5 航天动力日线二

第三节 综艺股份 600770

一、第一阶段

1999 年"5.19"行情爆发前，综艺股份缩量到了极致，每天的换手率都在 1%以下。而之前 1998 年的短期上涨温和地放出量来。缩量到了这种程度，跌幅又不是很大，上涨形成的支撑线 L2 对股价的调整进行了有效的支撑。

"5.19"行情爆发后，综艺股份成交量随大盘有所放大，但并不是很多。经过一个周末休息之后，周一（5 月 24 日）综艺开盘涨停，成功翻越了长期缩量盘整形成的压力线 L1。5 月 25 日我们抢筹买进，帮主力把股价封死在涨停上，如图 4-6 和图 4-7 所示。

可能是我们的动作过分明显引起了主力的注意，5 月 26 日的涨停在盘中被打开，当日放出了巨大的成交量。

面对这种主力故意制造的巨量空头陷阱，我们坚持持股。但同时也做好了最坏的打算，设定好了止损位。

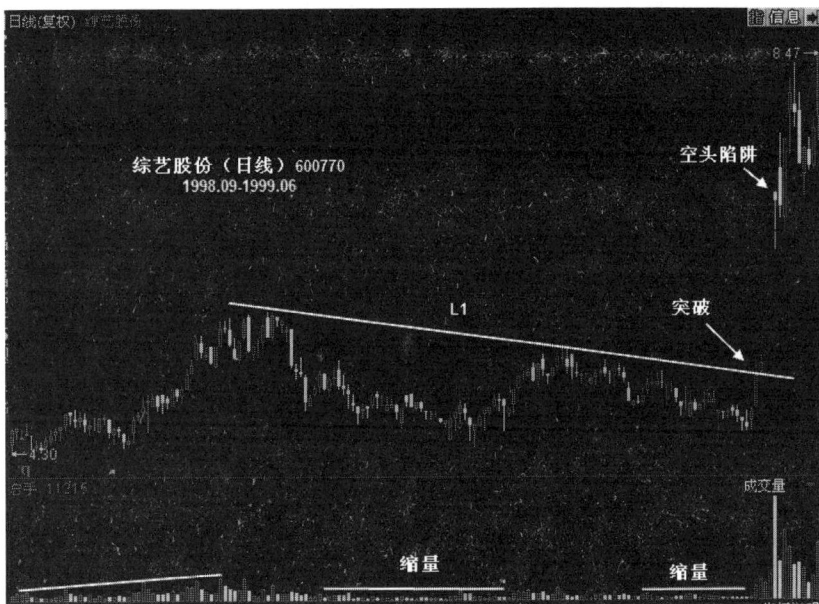

图 4-6 综艺股份日线一

图 4-7 综艺股份周线

二、第二阶段

"5.19"行情后，大盘一路上扬，综艺股份等网络股成了整个行情的领涨羊。"买股买龙头"，我们这次能买到一只龙头股，与我们之前扎实地看盘和分析是分不开的。

1999年6月26日，上证指数在从5.19时的1 057上涨到了1 742点之后短期见顶。而综艺股份在经过几个交易日的小幅缩量调整之后，开始和大盘背离，继续上涨。主力能让股票走出背离大盘的行情，显示出了主力的实力和对筹码的良好控制。这个时候我们也选择了加仓，"往火上浇点油"，让综艺股价更火。

三、第三阶段

1999年12月15日上证指数下跌到了1 500多点，这一天大盘小幅上涨，而综艺股份却下跌7.32%。鉴于综艺股份涨幅已经过高，并且之前盘中常有挂假买单掩护出货的护盘行为，当日下午，我们进行了减仓。12月18日（周一），在大盘走势温和的情况下，综艺股份跌停。随后反弹时，上涨形成的长期支撑线L3成了反弹的阻力线。反弹不放量，无力翻越此线，我们在这个时候清仓了结。对此股的操作告一段落，如图4-8所示。

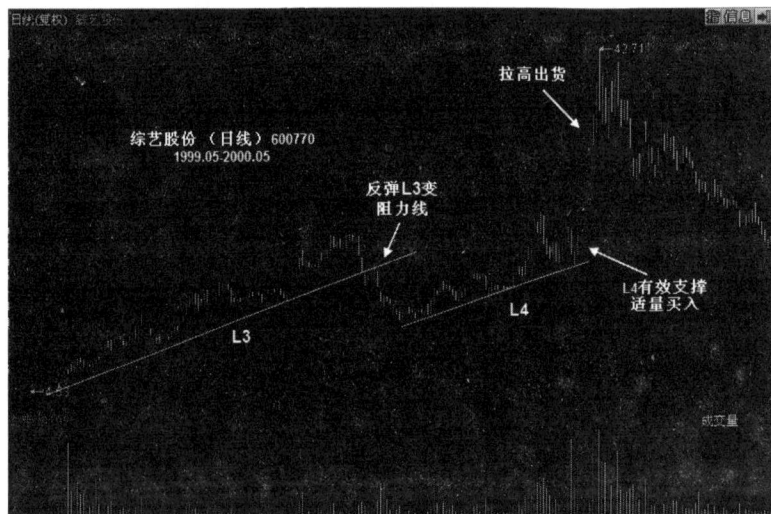

图4-8　综艺股份日线二

四、第四阶段

1999 年的冬天，股市非常寒冷。

股指一路下滑，不见企稳。但是经过一段时间下跌后，综艺股份再度反弹，走势与股指相背离。2000 年 1 月初开始放量上冲，但是前期的高点和 L3 对其形成双重压力，虽然创出新高，但是上冲无力之后又回落到 L4 附近。由于有 L4 的有效支撑，我们在 1 月 20 日开始买进，但仓位很轻。买进后不久就吃到一根大阴线被套牢，我们把止损位设置在了 L4 之下。

同期，股指在 1 300 多点企稳后，开始反弹，这个时候综艺股份也借力上扬，成交量放了出来，形成一个喜人的小山丘。

在连续三个涨停之后，随后三天的涨停都被打开，换手率总和超过 50%。此时的综艺股份已经涨幅过大，泡沫非常严重。短时间这么大的换手率，出货的嫌疑非常大。为了保住手中客观的利润，在后面几天的反弹中我们选择了清仓。

⟹ 第四节　山河智能 002097

一、第一阶段

牛市中大部分股票都会涨，各个板块被轮番炒作。如果能在牛市中踏准节奏，就会跑赢大盘，让自己的利润滚雪球。

2007 年 5 月初，我们出掉一部分进入调整期的股票后，手中有了部分闲置的资金。手中有了"子弹"，我们的团队便四处察看，随时准备出击。

5 月 18 日，山河智能涨停，换手率高达 9.72%。次日再次放量上涨，突破了长期调整形成的压力线 L1，如图 4-9 所示。

从 1 月底开始的盘整区，成交量并没有萎缩，反而比较活跃。但是在大盘节节高升的背景下，山河智能就是趴着不动，有量无价。

究其根本原因，这是一只次新股，大盘涨它不涨，明显是有人故意打压。打压的目的只有一个，那就是吸筹。此股迟迟不拉主升段，很多股民都会卖出，换得资金后再去追别的股票，而主力又迫切需要这些筹码，会不断地吸筹，所以这个时候成交量就会放大。

吸够筹码后，主力在挖坑动作后开始有目的地拉升。股价翻越了 L1
后，我们迅速买进。

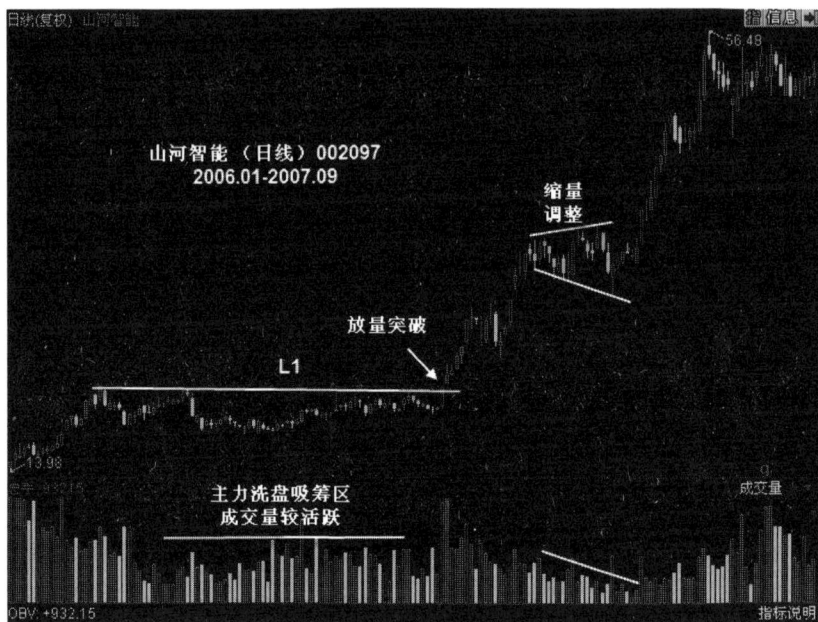

图 4-9　山河智能日线

二、第二阶段

山河智能在我们买进后一路向上，中途一次 1 个月左右的调整中成交
量萎缩明显。给人一种这只股票非常健康的良好假象。涨到 56.48 元之后，
连拉 5 根阴线，随后小反弹放量未创新高，我们在这个时候又有了一个更
好的目标，像这种走势一般都会进入中期调整或是趋势反转下跌，所以这
里选择了平仓出局，"吃鱼只吃鱼身"，"鱼尾"我们就不再贪了。

最后这只股票以 69.99 元见顶，从月线图上看能量潮（OBV）这个指
标，见顶的当月能量潮已经跌破了长期上涨形成的支撑线 L2，而之后能
量潮有所反弹，但 L2 变成了它的压力线，弱势的反弹无力翻越此线，如
图 4-10 所示。

OBV 的破位，较早预告了此股的见顶。

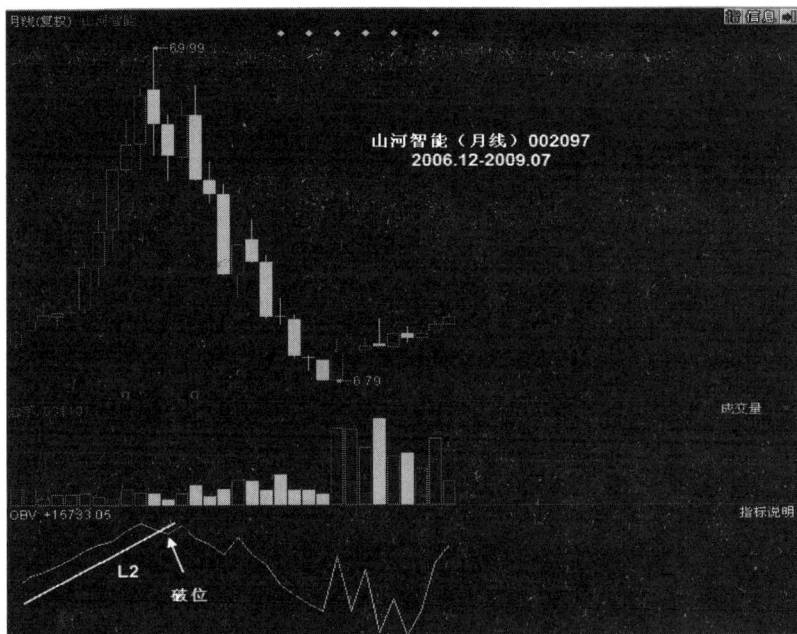

图 4-10　山河智能月线

第五节　紫光古汉　000590

一、第一阶段

庄家要建仓，方式很多。可以在下跌途中中暗暗吸筹，最后再猛砸股价，将股价进一步打低，等恐慌盘出逃时全部吸纳。这也就是为什么很多股民抱怨自己总是把股票卖在底部。也可以在上涨中抢筹，这种方式一般都发生在大盘向好的时候。主力在上涨途中吸筹，推高股价后又杀跌打压，然后再吸筹。

1999 年 5.12 行情发生后，大盘迅速上扬。紫光古汉在下跌到 4.70 元后开始温和放量，小幅上涨。短期上涨到 7.09 元，紫光古汉先于大盘见顶。

见顶后成交量一度萎缩，8 月 2 日在大盘成交量萎缩的情况下，紫光古汉成交量放大上扬，但是无奈上方的买压过重，多方只能偃旗息鼓。随后股价进入了一个慢速的上涨通道，9 月 10 日再次上冲，跟风盘明显很多，到收市时成交量有所放大。

但 14 日之后多方力量似乎从股价中消失殆尽，股价开始了长达 21 个交易日的漫长下跌，这个时候成交量萎缩到了极点，每天换手率基本都在 1%以下。

10 月 29 日和 11 月 1 日连续放量，股价一举冲破长期调整形成的压力线 L1。这个时候回头分析此股，主力在 5.19 之后开始建仓，无奈当时大盘回暖，很难收集够筹码，只能在长期的调整中慢慢收集，如图 4-11 所示。

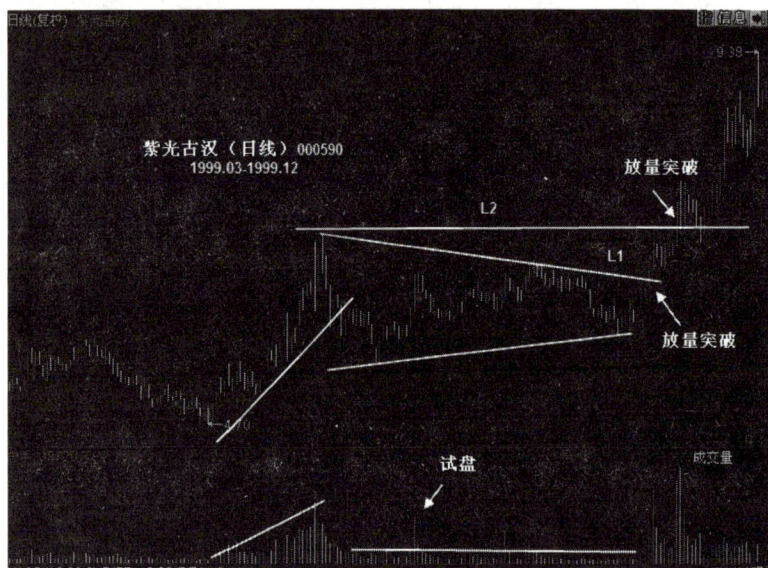

图 4-11　紫光古汉日线一

而主力控盘牢固之后，经过连续 1 个多月的挖坑洗盘，终于在 10 月 29 日这一天放大量吹响了多方冲刺的号角。

翻越 L1 之后，股价短暂回抽了 L1 进行确认，这个动作可以甩掉一部分跟风盘。当股价再次上涨到前期高点附近时，遇到了前期高点套牢盘的抛压。这些套牢盘在前期高点附近买进，之后一直站岗放哨，漫长的调整煎熬着他们，他们的耐性一天天消失，在股价上冲到这个位置的时候，这些套牢盘终于重见天日，一涌而出。

面对抛压，主力信心十足，再次放大量冲破 L2，在短暂的回抽 L2 之后，股价继续上涨。

二、第二阶段

我们团队也选在了在股价突破 L1 和 L2 时建仓和加仓。骑上了这头大牛之后，我们坚持持有，股价的加速上涨让我们获利丰厚。

到了 2000 年 3 月，紫光古汉开始调整，漫长的缩量调整一直延续到 4 月份。在 4 月 5 日涨停和 4 月 6 日拉高之后，紫光古汉并没有延续上涨的行情，而是在 4 月 21 日大阴线见顶后再次选择调整，一直到 7 月份，股价跌破三角调整支撑线，连续的大型调整显示出了多方力量的衰竭和庄家手中筹码的松动，这个时候我们果断地减掉了大部分仓位。

下半年 36.80 元股价见顶后，又开始调整，当缩量的三角调整再次破位后，我们清空了手中的筹码。而紫光古汉也开始了漫长的下跌，如图 4-12 所示。

99

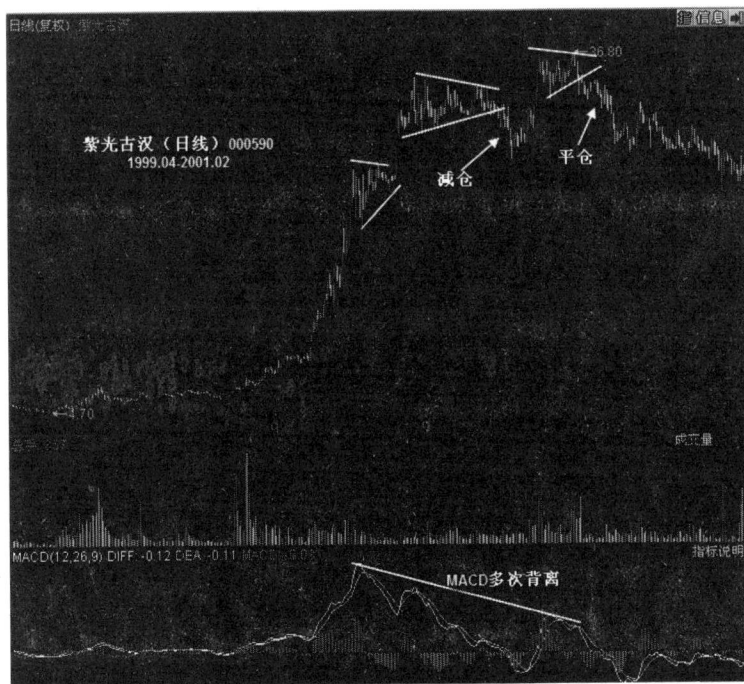

图 4-12　紫光古汉日线二

第六节　扬农化工　600486

一、第一阶段

有一个故事是这样的，从前有一个人想学习一门高超的交易之术，他走遍全国，拜访各个高手，向他们学习交易的真功夫。但是最终一无所获。最后，别人告诉他喜马拉雅山有一个圣人，知晓天下所有的道理。于是他跋山涉水，历经千辛万苦终于见到了圣人，当他向圣人说明了自己的心愿之后，圣人只说了一句话：低价买进，高价卖出。

做任何交易，无论是股票还是期货，最终都是为了低价买进，高价卖出，赚得利润。谁都懂得这个最根本的道理，但是当你怀揣钞票来到股市，面对走势图上花花绿绿的线图的时候你凭借什么知道价位是高是低，我们都不是圣人。于是一些聪明人便使用交易产生的最原始数据，成交量、价格、时间来进行各种各样的分析，以便推测股价的未来走势。

均线系统就是人们使用交易价格来推测股价未来走势的一种直观而且简单的系统。前面已经介绍过两条均线的使用方法，这里要把我们团队使用均线操作的一个实战战例介绍给大家。

二、第二阶段

我们知道两条均线法使用很简单，在短期均线上穿长期均线产生黄金交叉的时候买进，短期均线下穿长期均线的时候卖出，这样坚持使用有非常高的胜率。但是要使用这样简单的方法获利，必须坚持在每个死叉和金叉发生时都进行操作。

如果是准备做一个长期的操作，为了避免在实战中由于频繁操作而抬高成本，我们经常选择在周线基础上使用均线。而均线一般使用参数 10 和 30，这样虽然信号有所延迟，但是可以避免在调整的时候产生过多的假信号。

2005 年 10 月中旬的时候，扬农化工这只股票伴随着前期超过 50% 的涨幅，周线上已经明显的金叉。从周线上看，我们的金叉买点已经出现，如图 4-13 所示。

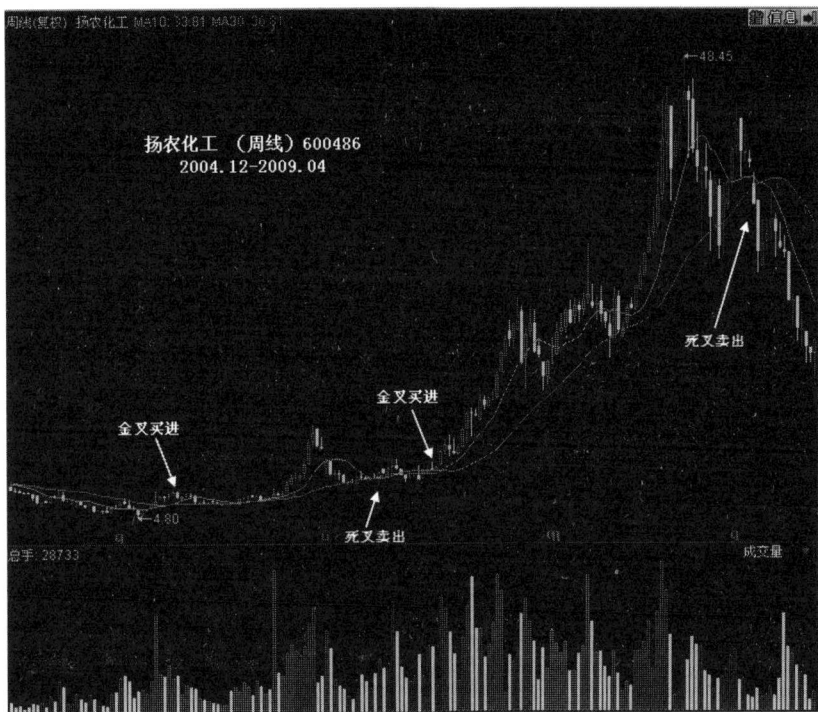

图 4-13 扬农化工周线

再看日线图，前期放量上涨之后，10 月中旬股价再次进入调整，我们在日线图上也使用 10 和 30 作为均线的参数。这个时候两条均线刚刚死叉，调整还无明显的结束迹象，于是我们等待日线图上买点的出现，直到 2006 年 1 月 6 日，日线金叉，这个时候周线图上一个光头光脚小阳线站立在了两根粘连的均线之上，这种状态的均线可以保证至少下周不会出现周线图上的均线死叉。

在双金叉的预期下，我们大胆地买进。

2006 年 9 月出现短暂死叉之后，两条均线非常接近，并且向下角度非常小，死叉并没有明显延续向下的趋势。而当周线图上是死叉的时候，日线如图 4-13 所示，早已金叉。所以从日线图出发，我们短期选择继续持股。股价在经过半年多的调整之后，再次发动，横向并且非常靠近的两条均线再次金叉，如图 4-14 所示。

主升段这只股票最高拉升到了 48.45 元，与底部的 4.8 元相比较，翻了 10 倍多。

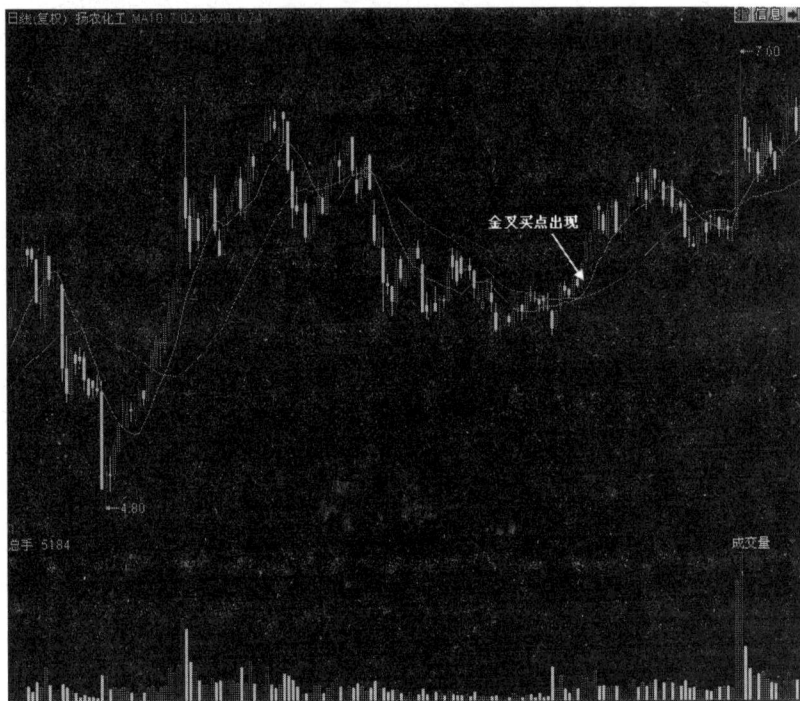

图 4-14　扬农化工日线

见顶后，日线发出死叉的信号比周线要晚，但是我们使用周线中的均线系统来进行买进和卖出，日线只不过是参考，是进行微调的工具，所以在周线没有信号之前我们并没有卖出。当然最后的卖出如果以日线为参考可以让利润更多，但这不过是事后诸葛，而使用均线系统最重要的是坚持按照同一个周期进行操作，只有这样才能让胜率最高。

⇒ 第七节　双良股份 600481

一、第一阶段

双良股份从 2007 年 8 月见顶之后开始下跌，到 2008 年 11 月，股价只有 2.87 元，成了市场上非常廉价的 2 元股。

11 月份后双良股份明显地止住了跌势，股价缓慢上升，并且随着上升和调整成交量形成了一个个小山堆。俗话说，"金堆银堆不如量堆"，这种现象的出现，明显是有资金进入。

从图 4-15 中的分析可以看出，双良股份 2008 年 11 月后短暂地上升，让股价翻越了长期的下跌趋势线 L1，在几次调整之后股价止跌于 L2。这个时候技术面上的买点出现了，我们团队开始调动自己账户中的资金，随时准备狙击这只要腾飞的老鹰。

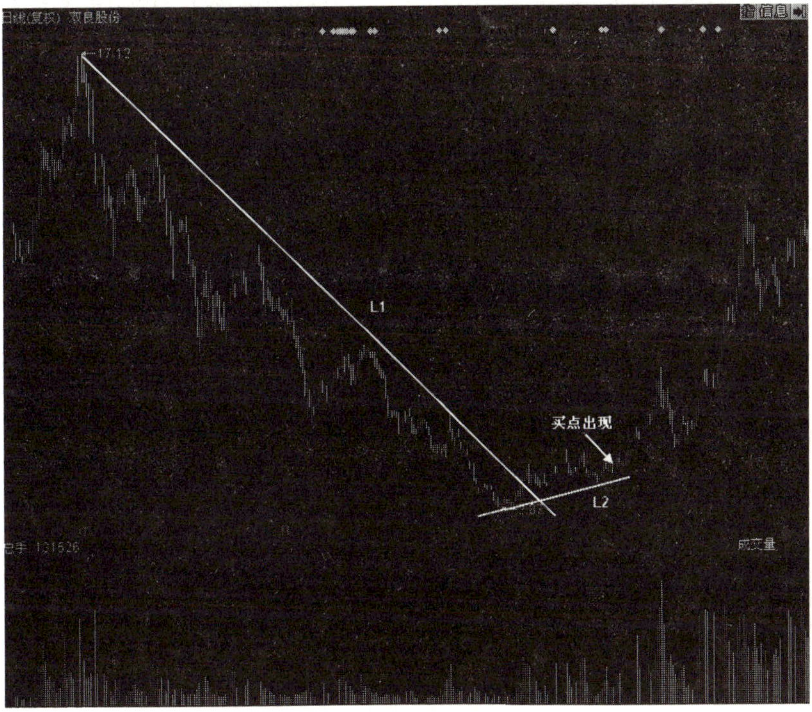

图 4-15　双良股份日线一

二、第二阶段

2009 年 1 月 22 日，双良股份以一根光头光脚的小阳线翻越了短期调整形成的压力线 L3。当天，我们团队大胆买进，将上档大量的抛单吃掉，这也为这天股价最终收阳线作出了贡献。

翻越压力线后的股价暂无任何阻力，一路加速上升，中间只是以两个小小的阴线进行了一个标准的"N"字调整。2月17日后，股价开始滞涨，几天的K线都带上了长长的上影线，形成"上影线丛林"的头部形态，中间还夹杂着阴包阳，阴线实体吞没了前面的整个阳线实体，20日甚至出现了一颗低开低走的十字星。真是险象环生。24日再次拉出大阴线吞没前日阳线之后，我们果断清仓，如图4-16所示。

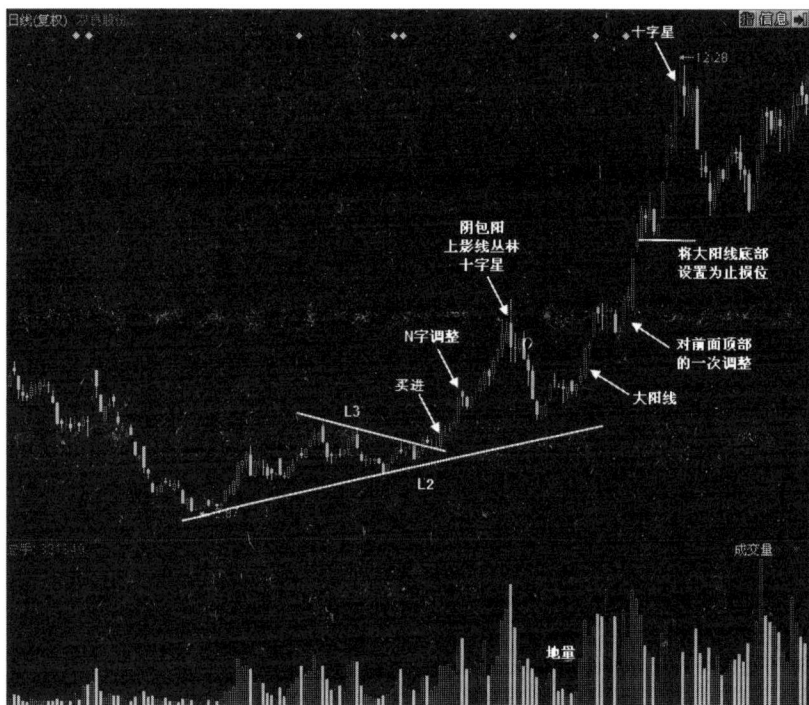

图 4-16　双良股份日线二

三、第三阶段

我们清仓后，双良股份开始猛跌，但是未触及L2就开始回升，拉出两个阳线后开始调整，成交量减少明显，几乎到地量。可见前期的猛跌，吓阻了场外资金，使其不敢进场。

3月16日，主力放量拉升，突破短期的盘整区，换手率达到了6.9%。主力信心十足地放量上攻，我们再次随主力进场。我们在进场时吃掉了空方部分筹码，将股价几乎推至涨停。

4月3日开始为其三天的调整，面对将来趋势不明的调整，我们将止损位设定在了4月2日大阳线的开盘价位置。注意使用前期大阳线设定止损位是使用K线炒股的一种不错技巧。通常将止损位设定在大阳线的中部或是两端开盘价、收盘价的位置。

最后股价跌至我们设定的止损位后反弹回升，继续上涨趋势。短短几天就将股价拉升到了12元附近。短期急升之后，双良股份开始再次调整。连续出现十字星，断头大阴线后，我们进行了平仓。因为客户的要求，我们只能在未见顶前，暂时退出对这只股票的操作。

➡ 第八节 沙河股份 000014

一、第一阶段

日本蜡烛图线是米商发明的，它融合了东方的哲学思想。阴阳相生相克的东方思想，表现在股票走势图上的一个个蜡烛线上。

由于蜡烛图极其出名，在中国股市中庄家常常利用蜡烛图进行骗线。庄家的这种作假行为大都出现在吸货、拉升和出货这三个阶段。大部分聪明的庄家，在股票开始大跌的时候都已经全身而退，所以庄家骗线的行为极少出现在下跌的反弹中。

2008年4月的时候，有一位客户在下跌趋势中买进了沙河股份后被套牢（他是3月3日在10.2元左右买进的，套牢后客户惜售，不愿意割肉出局）。这位客户希望我们通过高抛低吸来帮助他降低成本，减少损失。

沙河股份的主升段在2007年，在主升段的末期成交量逐渐萎缩，但是股价一路上升，出现了成交量和股价走势的背离现象。这是一种典型的大牛股主升段快要结束时候的特征。

在跌破主要的上升趋势线后，成交量萎缩，进入下跌缩量区。及时在2月份和3月份的那次反弹行情中，成交量放大也没有超过前面的主升段。

这更让我们确信沙河股份在 2008 年 4 月的时候仍然在下跌趋势中。

4 月 22 日接到这位客户的时候，沙河股份在上一个交易日大幅下跌的大阴线影印下，市场一片恐慌。但是最后空方力量达到顶峰后开始衰竭，全天日 K 线收了一个带长下影线的小阴线。因为有下影线的作用，所以第二天应该会高开。结果第二天以涨停收盘。看来前几日的猛跌让空方力量已经用尽，这个时候三根 K 线组成了早晨之星，一种趋势明显反转的信号。唯一的不足就是 21 日的阴线实体过大，早晨之星的组合并不是很完美。但是紧接着沙河股份再次"一"字涨停，这个时候四根 K 线组成的早晨之星非常漂亮，趋势的反转或是反弹已经确定，如图 4-17 所示。

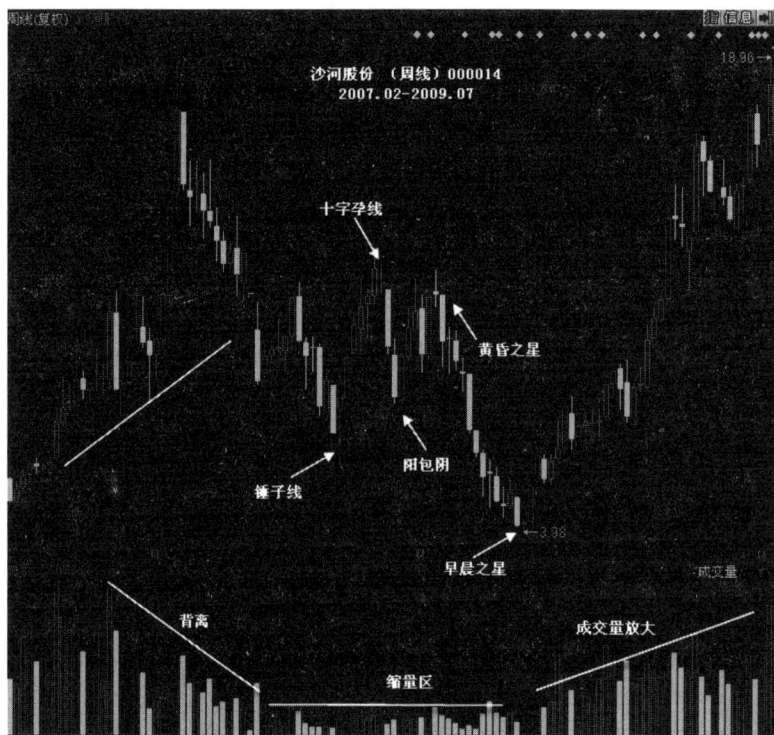

图 4-17　沙河股份周线

二、第二阶段

在底部涨停的激励下，沙河股份开始飙升，股价很快就翻倍了。但是成交量比较小，并且没有明显的成交量放出来。说明这次上涨仅仅是一次下跌趋势中的反弹，而不是下跌趋势反转为上升趋势。

在这次反弹行情中，5月16日和5月20日两个交易日共计跌幅超过10%，但是我们仍然选择了持股，因为没有只涨不跌的股票。头部的出现往往是比较复杂的，一般要经过多空双方反复长时间地较量。

随后，成交量一直不见放大，6月10日出现了跳空下跌，并且留下了一个跳空缺口。鉴于前一段时间，沙河股份已经滞涨明显，而这个时候又出现如此阴森的跳空下跌，周线上是一个丑陋的孕十字走势，并且这只不过是一个反弹行情，所以这个时候我们在最后一刻甩出了手中的筹码，将股价打在了跌停上，如图4-18所示。

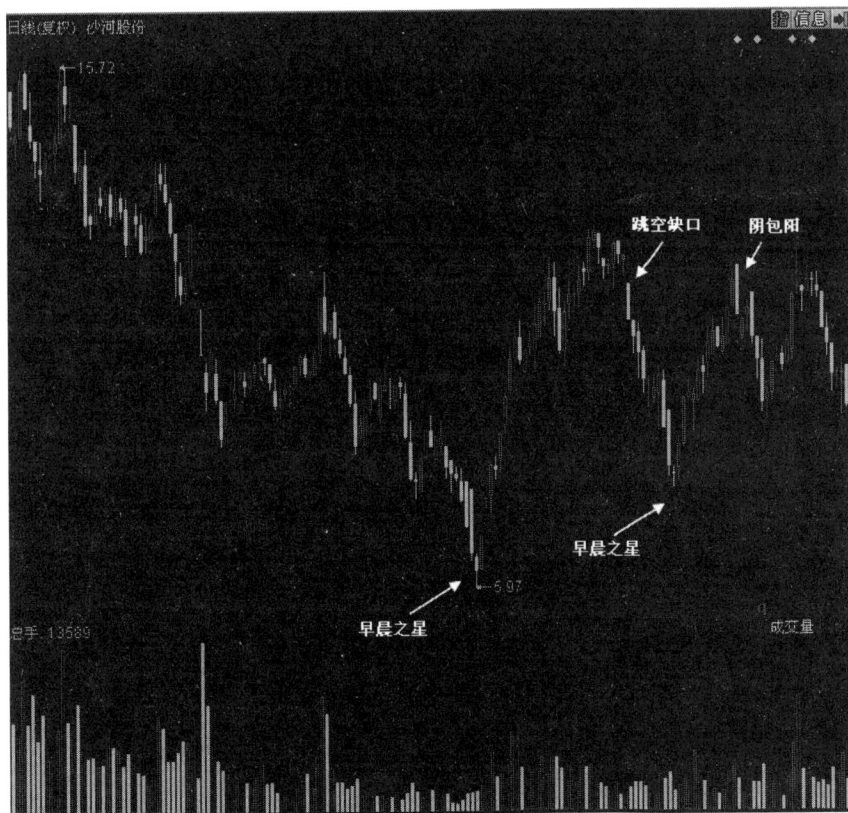

图4-18 沙河股份日线

三、第三阶段

6月24日沙河再次反弹，走出了早晨之星组合，6月25日多头在早晨之星的鼓励下拉出大阳线，第二天分时图中股价低探的时候我们再次进场。

沙河短暂调整后继续上涨，但是成交量仍然不见放大，这仍旧是一次反弹行情，所以涨幅不能高估。前一次反弹的头部将是一个很重要的压力位。

7月10日，沙河仍然是走出了低沉的大阴线，形成了反转组合阴包阳，在交易快结束的时候仍然不见反弹，我们只好迅速甩出手中筹码。

经过这两次操作，客户已经由套牢变成了赢利。

第九节　南山铝业 600219

一、第一阶段

每一次牛市都有一个主题，2001年的是网络科技，而2006年开始的牛市是有色金属。有色金属能成为这波牛市的热点，源于期货市场上有色金属的大幅上涨，在中国经济高速发展的大背景下，有色金属如铜、铝、金等需求大幅上升，按照供需关系，需求增加将导致价格上涨。

有色金属等原材料价格的上涨，让人们对生产这些原料的股份公司的股票产生了很强的上涨预期。

二、第二阶段

南山铝业在2006年8月24日放出了换手率高达11.31%的成交量，这种突然的放大量现象从来都是我们追踪的热点。

这支股票在经历了3个月的缩量下跌之后，在放大量前短暂回升，但是短期涨幅并不大，也就20%左右。这个时候突然放出大量一定不是短期获利盘的出逃，因为他们获利不大。

在短期整理之后，9月13日再次放量突破短期盘整形成的压力线L2。而前一阶段，在8月22日也就是突然放大量之前，也出现了放量突破L1的情况，L1是南山铝业经过3个月的缩量调整形成的压力线，也是这3个月的下跌趋势线，如图 4-19 所示。

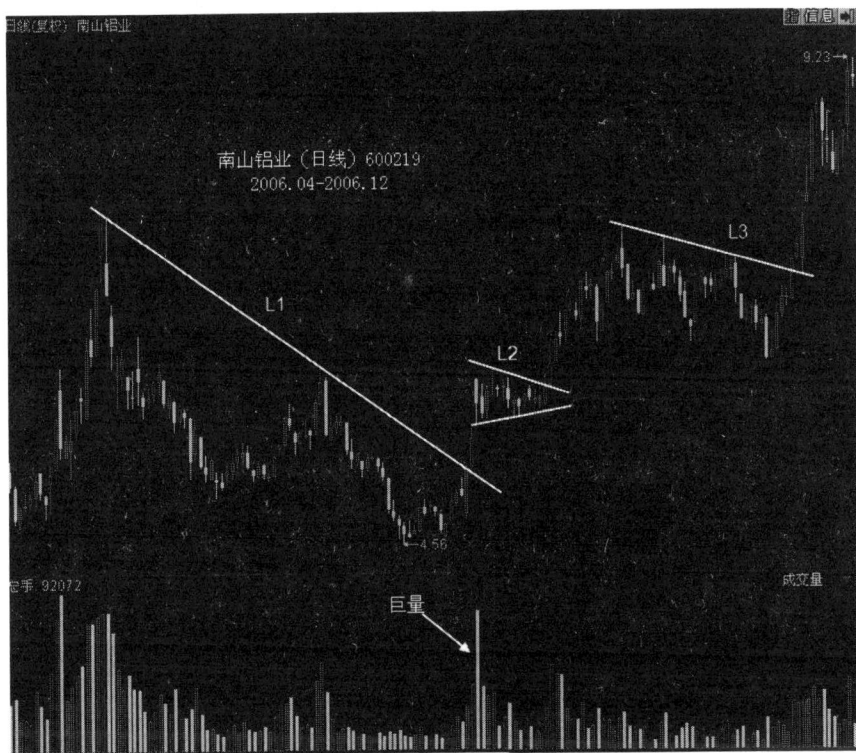

图 4-19　南山铝业日线一

　　将南山铝业的周线走势图缩小，你会发现从 2001 年南山铝业就开始下跌，漫长的下跌形成了一个 5 年都无法翻越的压力线 L0，而 2006 年下半年开始的放量上涨一举击破了 L0，回抽之后开始上升，成交量非常活跃，如图 4-20 所示。

　　一只将要让持股者和买入者飞黄腾达的大牛股突破了一道道压力线，大机会摆在了大家面前。这个时候我们团队在新进资金的支持下，抢筹建仓。我们的成本价就在 L3 的上方。

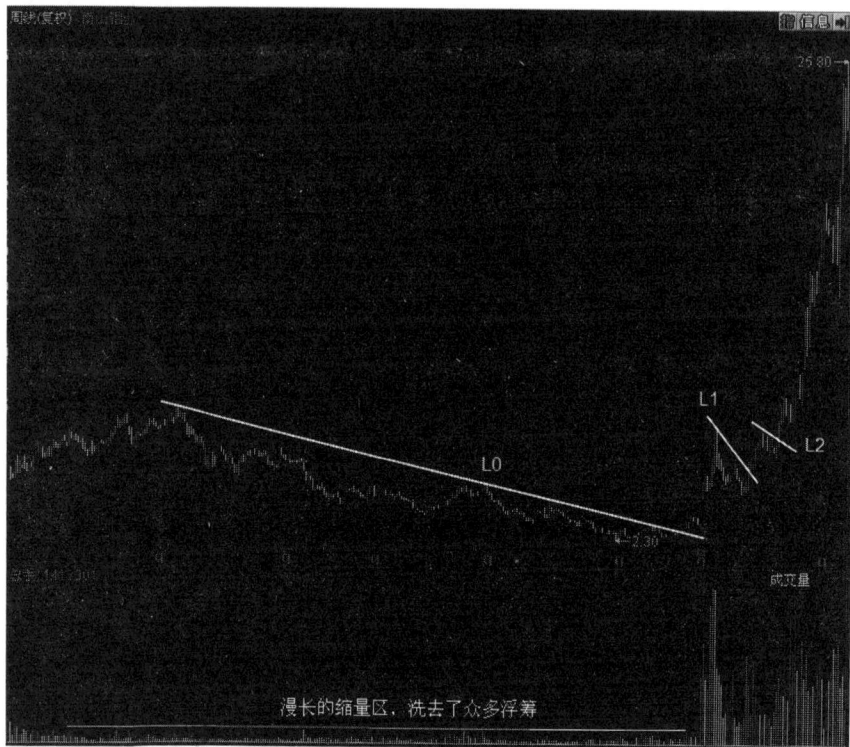

图 4-20　南山铝业周线一

三、第三阶段

　　牛市持股待涨是永远的真理。但是持股有时候要能坚持，在大调整的时候不踏空卖出。

　　2007 年 4 月到 2007 年 6 月，南山铝业开始横盘整理，并且成交量没有缩小。但是这个时候都是一些小阴线和小阳线，并没有大幅振荡形成头部的迹象，6 月 8 日主力放量突破了这个整理区，如图 4-21 所示。

　　连拉 8 根阳线之后，再次振荡盘整，成交量有所减少。这里的阳线和阴线振幅都有所增大，但是在周线和月线中并没有头部迹象。8 月 7 日出现了"顶部流星"但是短暂调整之后继续上涨，该跌不跌就是涨。

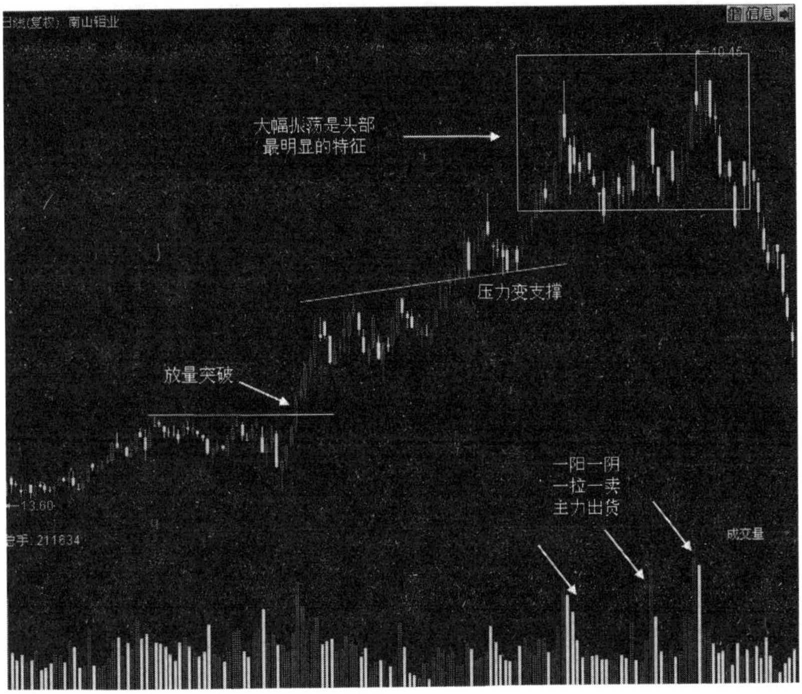

图 4-21　南山铝业日线二

8 月 29 日出现了"放量的上影线",之后开始下跌,一直到 10 月份,一直大幅振荡,2007 年 10 月中旬放量上冲失败,留下一个放量的"顶部流星",如图 4-22 所示。

这个时候从周线和月线上看,各种见顶 K 线组合陆续出现,顶部可能在大幅振荡中已经形成。此时,我们选择了在 39 元附近平仓出局,如图 4-23 所示。

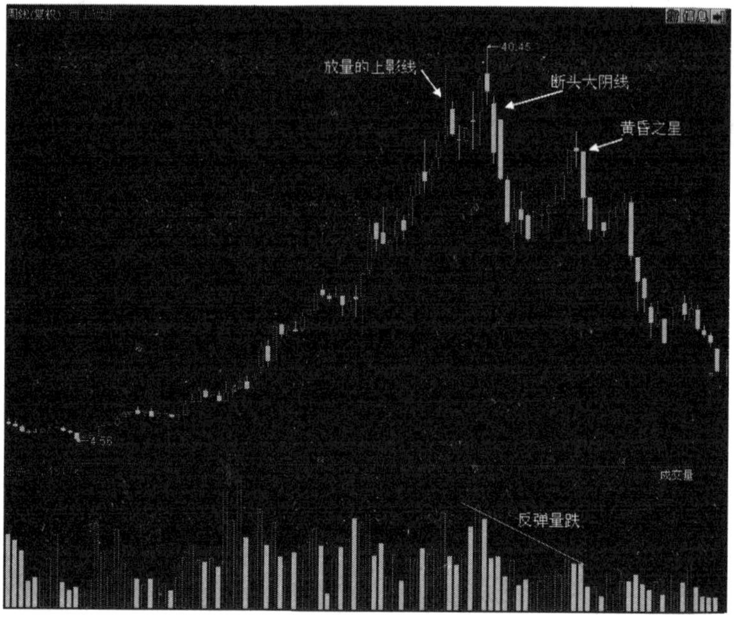

图 4-22　南山铝业周线二

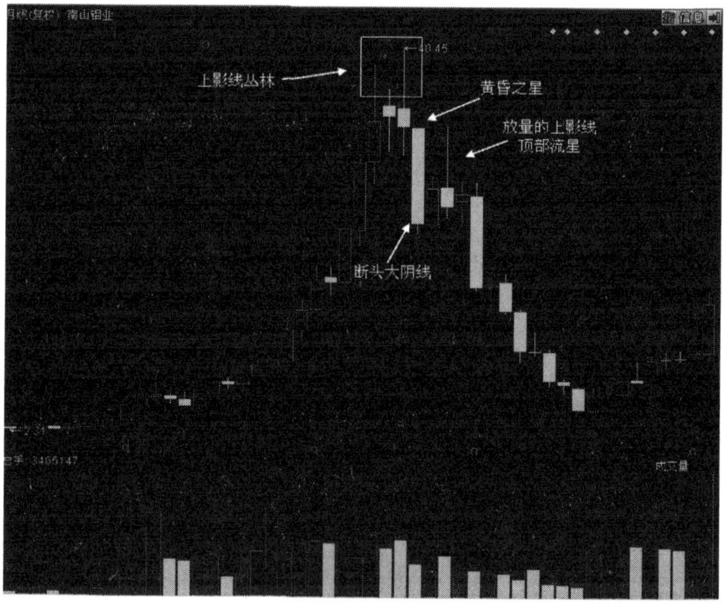

图 4-23　南山铝业月线

第十节 襄阳轴承 000678

一、第一阶段

股市中 V 字底常见，圆弧底也常见。但是标准的 V 字底或是圆弧底却非常少见，因为无论是对圆弧底还是 V 字底的定义，都是一个比较模糊的概念。但是圆弧底和 V 字底确有明显的区别，例如这里要介绍的襄阳轴承，从 8 元多一直跌到底部 1 元多的过程中，趋势线 L2 和 L1 相比，下跌的速度明显减少。从而告诉大家空方力量减弱。

但是也有人认为，在下跌过程中，K 线实体逐渐变小是一个见底的特征。这种认识明显是错误的，7 元的时候下跌 10%就要跌去 7 角钱，而 2 元的时候下跌 10%却只跌去 2 角钱，在软件上显示出来的 K 线实体自然是 7 角钱的要大。但是股票跌到 2 元就能说是见底了吗，明显理由不足。这里同样是振幅的 K 线实体小，能说明股票见底了吗，明显也不是。

如果你统计一下 L1 处和 L2 处 K 线的振幅，结果是两处 K 线振幅大致相同。不同的是，最大振幅出现在 L1 处。但这个细节不能成为我们判断底部的有力依据，如图 4-24 所示。

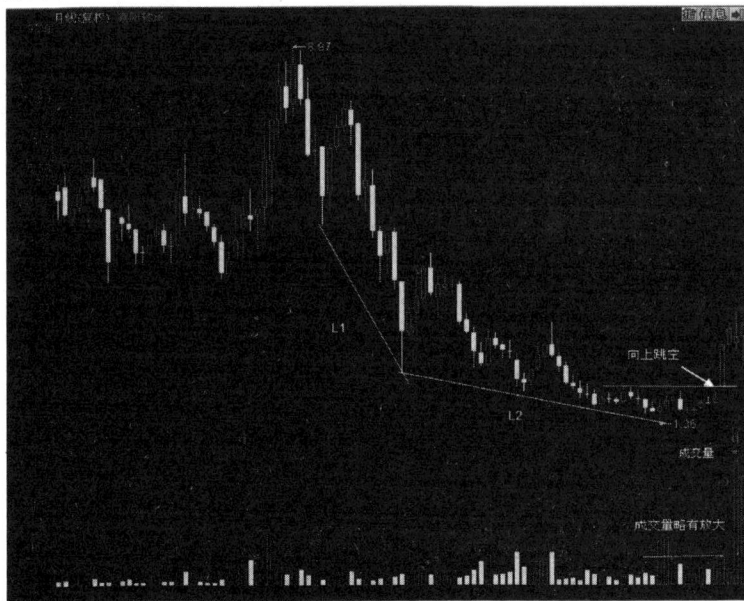

图 4-24 襄阳轴承月线

113

襄阳轴承跌到 1.36 元后，从月线上看成交量较前期有所放大。这个时候买进的股民都是以价值投资为主，因为此时的股价就是白菜价，1 元多的襄阳轴承从价值投资的任何角度看，都是超值的，如图 4-25 所示。

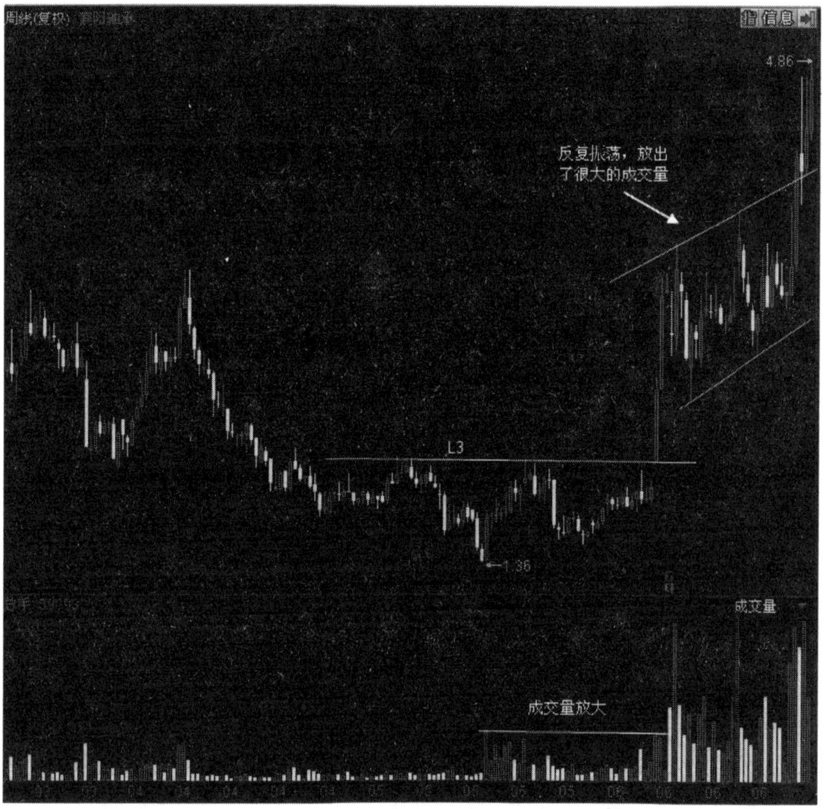

图 4-25　襄阳轴承周线

另外，股票市场永远的道理是：有涨有跌。

襄阳轴承已经连续下跌了 5 年！也许会下跌 6 年，但不会是永远下跌。

当然，这个时候成交量放大的原因，除了一些先知先觉的价值投资者捡了便宜、有长远眼光外，在熊市中保持一颗牛心的主力们也开始纷纷介入各个股票，不仅是襄阳轴承，整个大盘的成交量在这些资金的推动下，也开始见底回升。我们团队也在这个时候吃进了一些襄阳轴承股。

二、第二阶段

2006年襄阳轴承经历了3月到5月的短期停盘，而这段时间，个股普遍上涨。5月22日一开盘，襄阳轴承便涨停，之后又连续两天涨停。24日涨停盘中打开，我们立即买进加仓。因为襄阳轴承的主力在这里开始拉升，目标至少2倍才会有明显的利润，而现在不过涨了不到40%。

而且同期大盘刚刚经历了一个大熊市，鉴于对大牛市的预期，我们团队不仅是对这只股票，还对其他开始启动的股票重拳出击。

上涨到3元多后，襄阳轴承开始上涨乏力，逐渐进入一个三角调整中，如图4-26所示，L4和L5夹着一个三角形调整。在10月中旬，三角调整逐渐到了顶部，三角顶部必然会发生变盘，这个时候主力开始放量拉升，很快便突破了L4，于是我们也开始积极寻找买进机会，待回抽加仓，在短短四天上涨之后，回抽并没有站住脚步，反而继续下跌，甚至跌破了L5。可见襄阳轴承中的筹码并不是很集中，主力的控盘还不够好，一个明显的三角调整，都不足以唤起多方的力量。

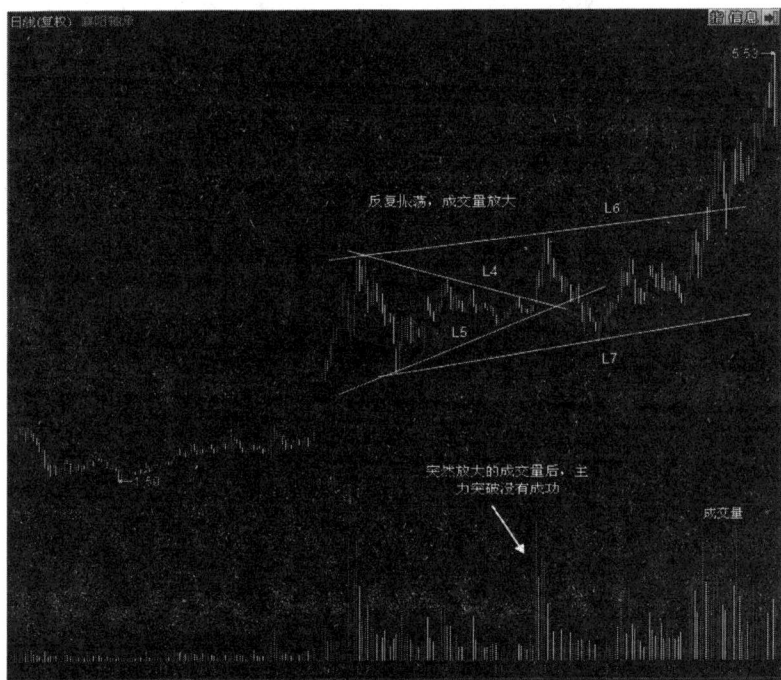

图 4-26　襄阳轴承日线一

　　股价跌到了和 L6 平行的 L7 后，开始止跌回升，变成了在 L6 和 L7 形成的平行通道中进行振荡整理。股价在 L7 上站住脚后，我们开始大胆买进，如图 4-27 所示。

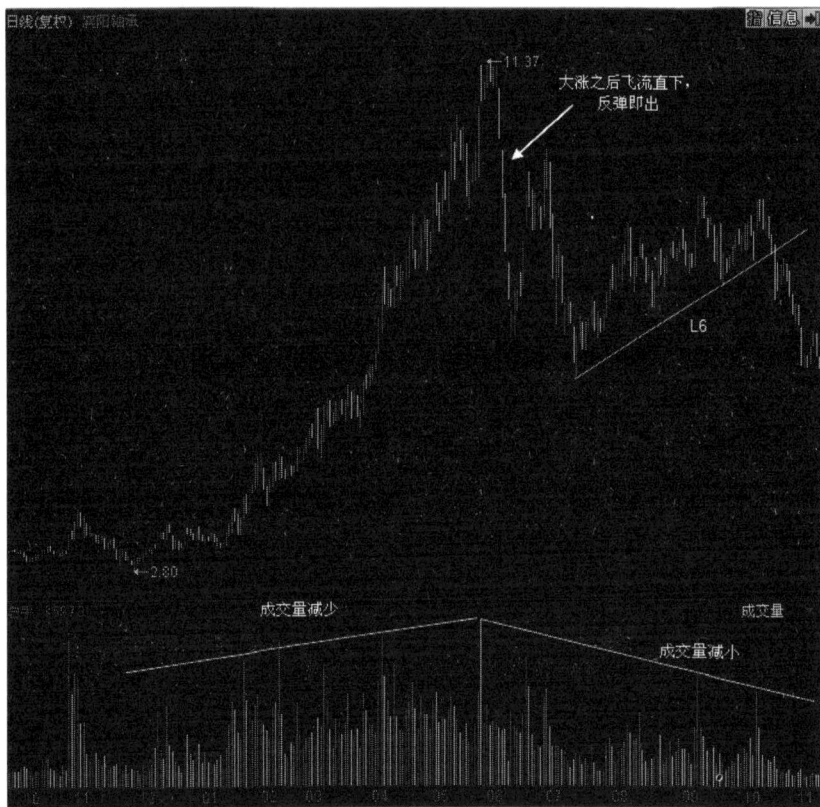

图 4-27　襄阳轴承日线二

　　日后，在股价突破平行通道后，正式进入了漫长的拉升段。

三、第三阶段

　　头部其实是一个很明显的道理，如果你买进的价位低，或者是在场外观看，那头部在你眼中很明显。但如果你是高位进入，套牢后你往往会对股价产生过高的期待，从而让你不能正确地判断顶部。

　　真正的头部，一定是在大涨之后，暴跌就是最明显的信号弹。暴跌之后必然会有反弹，但反弹的成交量经常不能有效放大。这些都可以证明一个头部的出现。

2007 年 5 月暴跌之后，襄阳轴承的上涨趋势线被击破。之后，6 月反弹虽然和下跌一样快速，但是并没有创出新高。

而在 6 月，火爆的牛市吸引的众多新股民在暴跌之后大肆进入，让襄阳轴承大跌之后快速反弹，这也给了我们出逃的机会。我们在 6 月清仓了结。

6 月反弹不成功，7 月再次反弹，这次上涨角度小，时间长，成交量没有有效地放大，反而和前期上涨成了明显的对比，和我们以前讲过的成交量那节一样，这个时候量价背离。市场的热情在暴跌之后已经不再高涨。

10 月份，L6 被击穿，这成了襄阳轴承走熊的最确凿证据。而如果看月线，则是一个大型的三角整理被击穿。从此，襄阳轴承一直下跌到 2008 年 10 月份的 2 元多。

➡ 第十一节　哈飞股份 600038

一、第一阶段

曾经在公园中听到两位股民侃大山，一位股民说万科最牛，是房地产市场的老大，有钱买进万科不出半年就会赚钱。另一位股民说哈飞股份才是要买的好股票，造飞机的能没有搬砖头造房子的赚钱嘛，所以他打算过几天发了工资就买进哈飞股份，等年底儿子快结婚的时候再卖出，赚了钱准备儿子婚礼用。

炒过股票的股民大都听了这两位的谈话会觉得好笑。但是看看周围绝大部分人买股票的时候不是在看公司是做什么的，就是对某些财务数据算来算去，最后得出一个买进或是卖出的理由。这种炒股票的方法是盲目蛮干的。也许偶然会买对，但是天长日久，不可能每次运气都那么好。要通过炒股票赚钱千万不能这样蛮干！

股票一上市就有涨有跌。涨的时候，养猪的公司也涨；跌的时候，造飞机的公司也跌。能深刻明白这个道理，你就已经从一个菜鸟股民荣升为

初级股民了。可市场上，初级股民并不是很多。

如何才能找到一个正确的买进理由呢？本书中讲到的技术分析，就是一个能让你找到正确买进理由的绝好途径。

2003 年 9 月哈飞股份经历了一个牛市，涨到了 17 元多之后就开始下跌，两年多的漫漫熊途让哈飞股份跌到了让人心寒的 4.23 元。但这个时候空方力量也衰弱到了极点。

2005 年 7 月底成交量开始逐渐放大，价格也开始小幅攀升。8 月和 9 月甚至出现了涨停和巨量。两年多的下跌形成的趋势线 L1 也被穿越（如图 4-28 所示）。

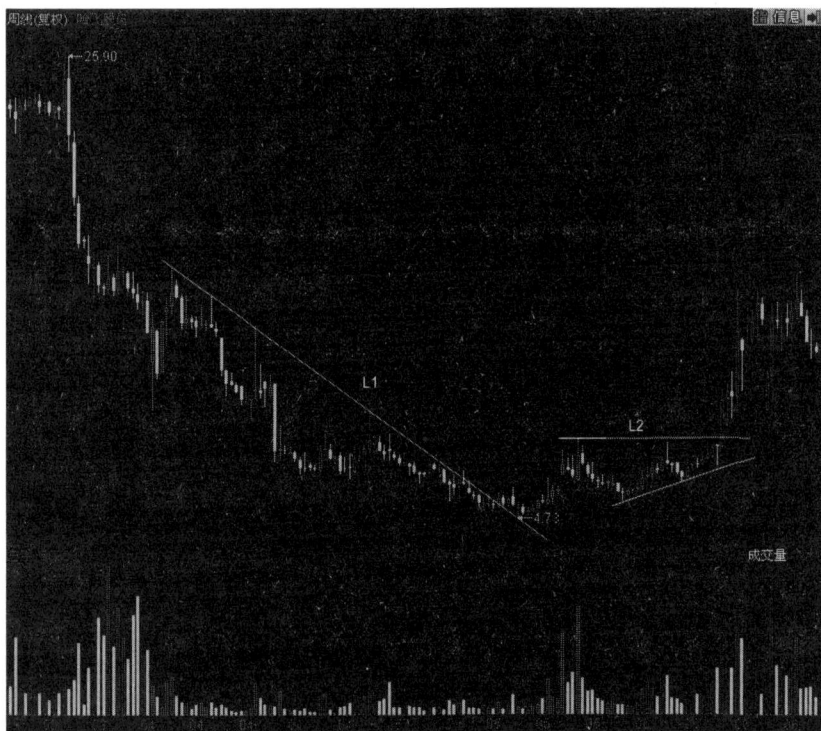

图 4-28　哈飞股份周线

10 月股价再次下跌，但是成交量也出现了萎缩。12 月，成交量依然很少，但是价格却小幅攀升，这个在日线图上可以看得非常清楚，短期下跌形成的 L3 再次被突破。

2006 年开年第二个交易日，主力放量涨停，吹响了上涨的螺号。前期缩量上涨，完全是一种散户行为，极少数散户就能把股价推高，说明市场上抛空的筹码已经非常少。这个时候也让主力感觉到自己控盘非常牢固，所以主力大胆放量涨停。同时，我们的资金也开始进入，每天在盘中吸入少许筹码，不让主力察觉，如图 4-29 所示。

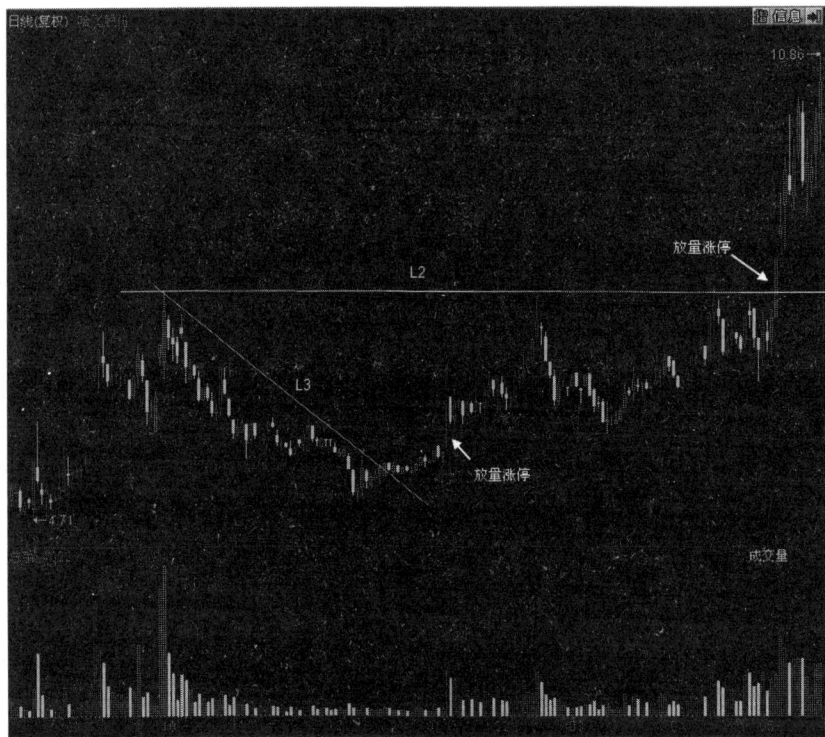

图 4-29　哈飞股份日线一

二、第二阶段

2006 年 4 月底，股价在上涨之后开始接近前期高点，这个时候从周线上看，L2 和下面的线也形成了一个大型的三角调整。而股价也走到了三角的顶尖。三角调整的顶点是多空双方最为敏感的位置，在这个位置上涨会极大地鼓舞多方的士气，反之亦然。在中国股市，利用三角调整顶点位置进行假突破的有，但是非常少。而且这个时候股价从底部算起涨幅并不大，而且经过长期的调整，所以这个时候主力假突破骗线出逃的概率非常小。

2006 年 5 月 8 日，主力放量涨停，在盘中吃掉所有空方筹码，一举突破了一年前的高点。三角调整的上线 L2 被突破，这个时候的上涨往往会比较急促，所以我们团队紧急调集了部分资金，再次买进，涨停后次日的买进几乎将股价再次推至涨停。这种关口不能有丝毫的犹豫，只能用迅雷不及掩耳之势抢夺筹码。为了吓阻跟风盘，收盘的时候主力抛出部分筹码，让日 K 线带上了长长的上影线。

三、第三阶段

2007 年 5 月哈飞股份最高上涨到了 24 元多，5 月 30 日开始，股价跳水，连续三天的大幅下跌击穿了长期上涨趋势线 L4。这种现象，经常预示着一个长期调整的到来或是趋势的反转。所以在股价反弹之后，我们在 20元附近减掉了大部分仓位，因为我们买进的价位比较低，这个时候利润已经非常丰厚，所以在出现这种跳水行情之后我们没有必要再继续保持我们巨大的仓位。为了保住到手的利润，我们理智地选择了暂时退场观望，只留下少量的仓位不动。

经过了半年的调整，2007 年 10 月份的时候哈飞股份开始缩量，而这个时候从股价已经从最高点的 24 元跌去了 1/3。此时缩量，说明场外资金仍然持观望态度，但也说明持股的投资者惜售情节严重，不愿意抛出手中的股票。

11 月 16 日，哈飞股份盘中涨停，成交量放大不多。主力选择在这个时候拉升涨停，跟风盘和抛盘会比较少，所以小资金就可以办大事，如图 4-30 所示。

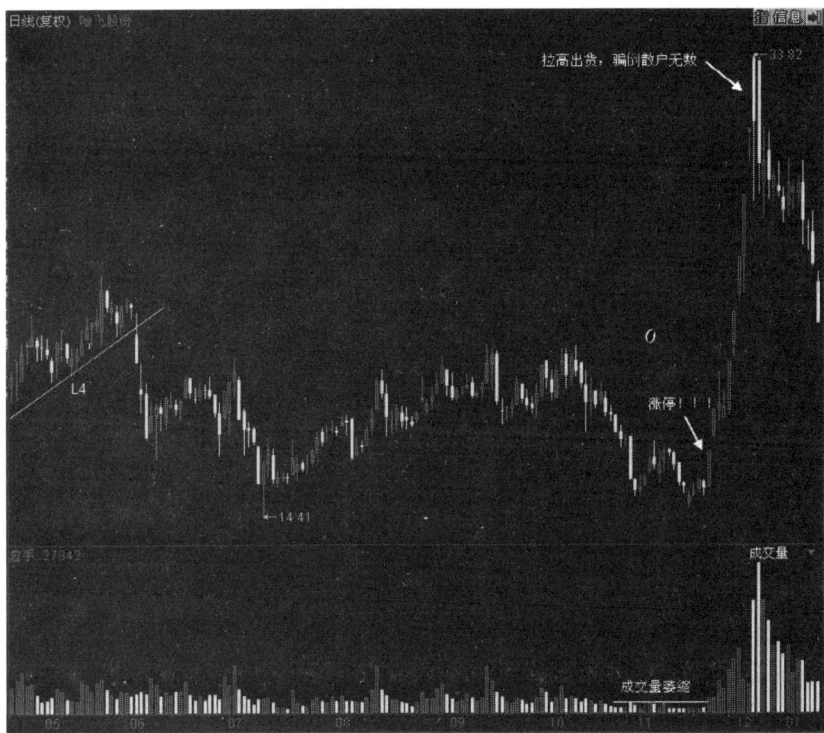

图 4-30　哈飞股份日线二

　　但是日后主力拉升过猛，让所有有点头脑的投资者都不敢跟风买进，要知道这只股票此波行情底部只有 4 元多，主力拉高出货的可能性极大。这个时候一旦买入被套，会很难翻身。但是对这种拉升行情情有独钟的"搏命客"大有人在。

　　主力在拉升 33 元多之后便抛出巨量，连续两日将 K 线打成大阴线。我们也将自己仅有的仓位在大阴线之后做了了结。而此股从此开始了自己漫长的下跌过程，2009 年之前，再没有过较大的上涨行情。

　　股市遍地是机会，但是这种在高位连续涨停的机会往往风险太大，如果选择在这里跟风赌一把，一旦套牢后割肉不及时，会成大错。玩这种行情的股民，有一个形象的名字，就是我们前面提到的"搏命客"。

➡ 第十二节　皖维高新 600063

一、第一阶段

短线有多短，你问一百个人可能有一百种不同的答案，但是大部分答案可能都集中在一年以内。短线是一个模糊的概念，从来就没有标准答案。

我们私募操盘手在操作的时候大部分都喜欢看月线图、周线图，一个操作周期经常一年甚至两三年。尽管我们也将自己的操作称作短线操作。

一般在买进之后，我们很少对自己的仓位进行操作。因为频繁操作不但要付出高昂的交易费用，而且错误的短线操作更会增加自己的持仓成本。虽然我们这里的操盘手都是技术高超的老手，但是每当听到谁要进行过短的短线操作的时候，大家总是摇头。

一个高明的操盘手，一定要拥有开阔的视野，能够准确地辨别跨年度行情，抓住大鱼，才能让自己赚大钱。

时间进入了 2006 年 2 月，皖维高新这只股票从 6 元股跌成了 1 元股。如果是 2009 年，你也许会说 1 元股实在是太便宜了，谁买谁赚。但是如果站在 2006 年，你没有高超的炒股技艺，那一定会被当时的熊市气氛所感染，然后作出错误的判断，认为 1 元多的股票不是便宜，而是还没跌到底。2006年的时候不仅仅是大部分普通投资者依然看淡行情，就连一些机构投资者也加入了唱衰股市的行列，认为上证指数见底应该在 700 点左右（如图 4-31所示）。

要走出这种不识眼前黄金的迷局，只有练就一双火眼金睛，而学习技术分析，使用技术分析的手段来判断行情，往往能大概地正确推断股市的未来走势。

2006 年 2 月的时候，皖维高新这只股票逐渐止跌，横盘走势让股价翻越了几年熊市形成的长期下跌趋势线 L1。到了 4、5 月成交量逐渐放大，价格也稳步攀升。这种现象很快吸引了我们的注意。

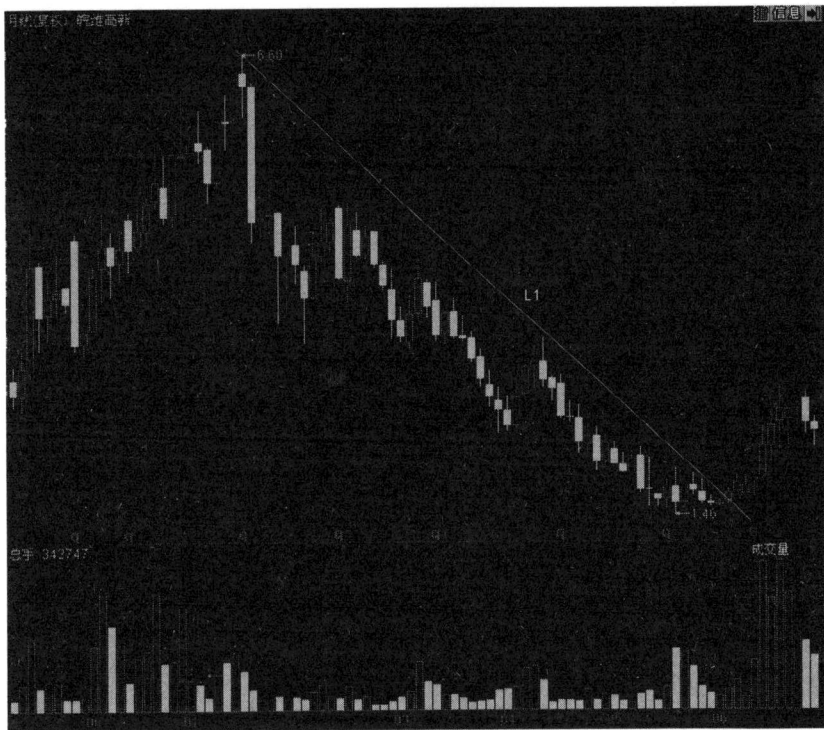

图 4-31　皖维高新月线

　　打开周线图一看，5 月份第一根周线放出了巨大的成交量，并且价格突破了短期调整形成的趋势线 L2。这种放量上涨，并且突破长期调整区创出价格新高的行为，经常预示着一波上涨行情的开始。这个时候我们团队的资金也开始大笔买进，如图 4-32 所示。

　　果然价格很快飙升到了 2.5 元附近，我们一股也赚了大约 5 角多。但是这点蝇头小利并没有让我们知足。我们并不是贪婪，而是整个大盘都开始转暖，各个股票资金流入都非常明显。而且这是在一个大的熊市之后的上涨，完全有理由期待一个大牛市的来临，甚至我们现在可能已经处在这个大牛市中了。另外，这只股票主力每天打压吸货的动作非常明显。所以我们坚决持股不动。

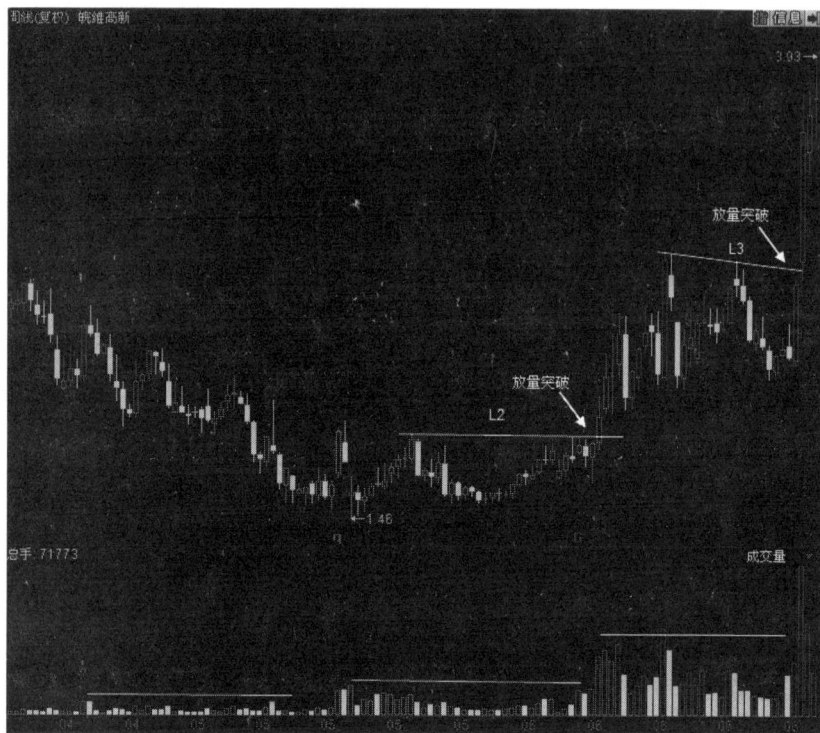

图 4-32　皖维高新周线一

二、第二阶段

经历了大约半年在 2 元附近的调整之后，2006 年 12 月 15 日，皖维高新选择在周末这个关注股市的人数比较少的时候放量上冲，周一开盘后股价高开低走，主力使用大笔资金作出了一个放量见顶的形态，这种洗盘行为在强庄拉升段非常常见。周二缩量涨停，主力不给任何人机会。

连续拉升之后，直到 6 月份才出现了连续暴跌的行情。这种连续暴跌的行情也让月线图上出现了断头大阴线。

在上涨段能连续暴跌，只能说明主力出逃，这个时候要坚决看淡后市，反弹就出，不能有丝毫犹豫。

当股价反弹到 14 元多的时候，我们选择了减仓，卖掉了我们大部分的仓位。而之后股价在断断续续的反弹之后曾经最高上涨到了 18 元多，但是我们在14元附近减掉大部分仓位也让我们获利十分丰厚,而且避免了较大的风险。

在股价上涨到18.95元之后,月线图上再次出现了断头大阴线。面对反复出现断头大阴线等顶部K线,我们在16元多时清空所有仓位。

在我们退场观望之后,2007年11月到2008年1月,皖维高新出现了长达一年多的反弹行情,但是这段反弹行情成交量始终没有放大,虽然持续的时间比较长,涨幅也不算太小,但是这些不过是皖维高新从1元多到18元多大牛市行情之后的缩量反弹而已,而缩量反弹也意味着牛市行情的结束。从18.95元开始,皖维高新到2008年11月,价格跌到了3元多后才见底,如图4-33所示。

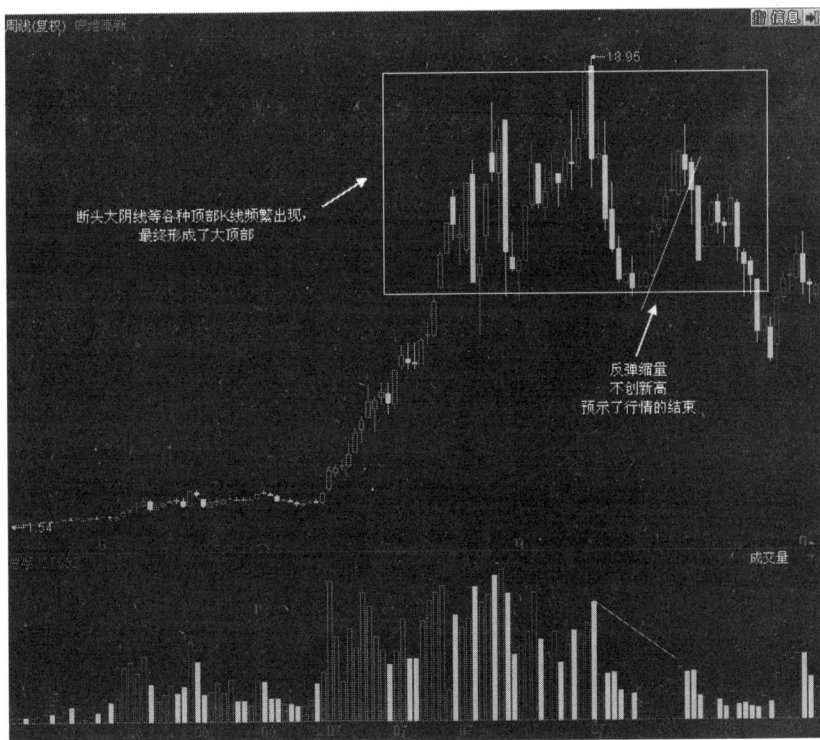

图4-33 皖维高新周线二

➡ 第十三节　ST威达　000603

一、第一阶段

什么是ST股，ST就是亏损股。但是ST亏损股就不是好股票吗？

我们炒股不是为了拿自己的钱或是投资者的钱来当上市企业的股东，不是为了或有或无，即使有，大部分时候也是少得可怜的分红。我们买卖股票，是为了低买高卖，赚取差价。邓老说了"不管白猫黑猫，能抓老鼠的猫才是好猫"。所以能赚取差价的股票就是好股票。

那么，能让我们赚钱的ST股票，不管它亏损得多么厉害，不管它哪天退市，它都是好股票，因为我们要赚取的是金钱。在中国股市，股票即使基本面再差也能上涨，有的股票甚至一带上ST的帽子反而不跌反涨，有的连续涨停。

所以，股民朋友不要一见到股票就先问业绩如何，ST股票照样可以炒作，照样可以让我们赚钱。但是，前提是你要有能够让你准确买进和卖出的方法。这点非常重要。

2001年6月，ST威达见顶于10.05元。而同期，大盘也结束了几年的大牛市，步入漫漫熊途。如果你翻看过上海和深圳两个股票市场的大部分股票，再把它们和各自市场的主要指数进行对比，就不难发现，各个股票的走势和指数走势大致形同，如图4-34所示。

也就是说，个股见顶和见底的时间大致和指数相同。这也就是我们反复强调的各股共涨共跌。

一旦清楚了这个规律，你就会有拨云见日的感觉，也就会清楚地认识到，股票涨跌是资金潮涌动的结果。大多时候和股票的基本面、业绩面没有什么关系。

ST威达见顶之后，一直下跌了四年多的时间，中间没有大型的反弹。2005年7月在1.04元见底之后，开始急促上涨，成交量也逐渐放大，如图4-35所示。

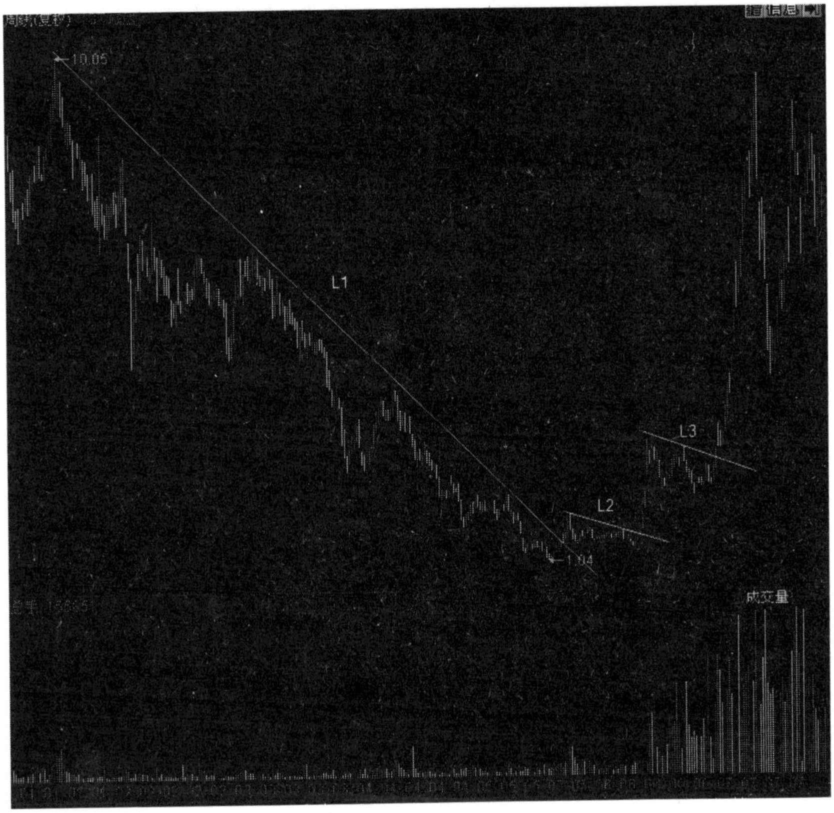

图 4-34　ST 威达周线

2005 年 9 月，短暂的上涨很快在 1.87 元处结束，并且放出了巨大的成交量。在中国股市中有这样一个规律，在股票经历了漫长的熊市之后开始反弹，上涨之后成交量突然放大经常会带来一个时间和幅度都不小的调整。

2006 年 5 月，主力连续三天放量，股价被抬高到了从 2005 年 9 月开始形成的调整趋势线 L2 上面。这次放量突破，也宣告了调整结束，ST 威达将再次起飞。这个时候我们团队中负责跟踪这个股票的操盘手迅速在 L2 上方建仓。

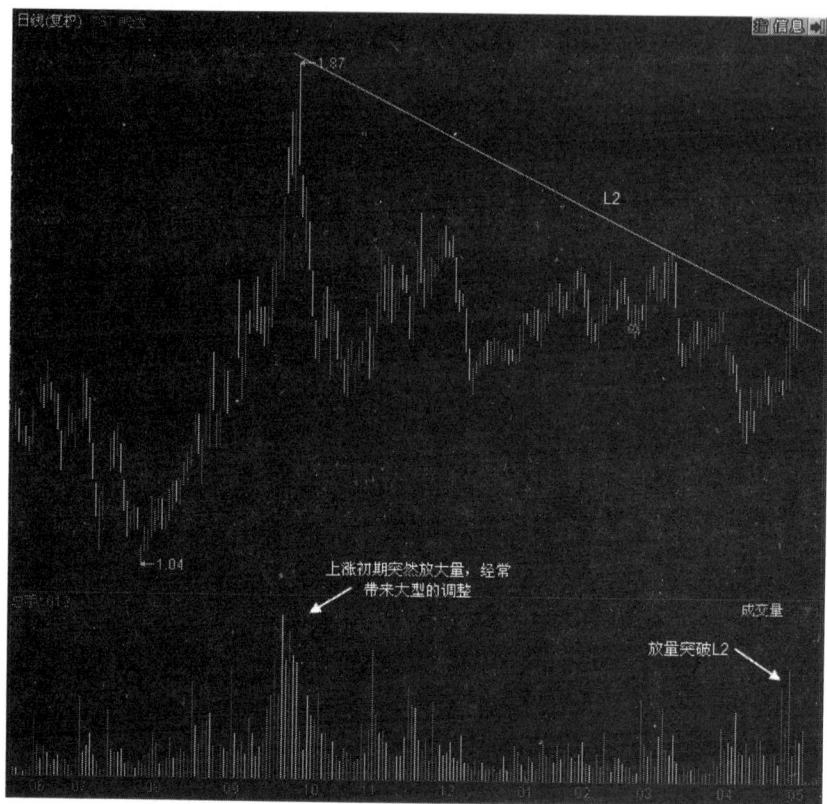

图 4-35　ST 威达日线一

　　经历了长期的调整，在突破 L2 之后，ST 威达向上空间被打开，在送股等利好消息的刺激下，股民情绪亢奋，拉升行情变成了飙升行情。股价很快飙到了 3 元附近，在送股利好落实的当天，放出了换手率多于 16%的巨大成交量。伴随着巨大的成交量，ST 威达再次进入了调整期。

　　在上升段放出巨大的成交量，自然是交易产生。所谓交易，就是有人买，有人卖并且双方同意才能实现，在股市交易的时候不过是计算机进行撮合，没有像买菜那样的口头商讨，双方同意后才成交。和上次放巨量一样，这里放出这样巨大的成交量，一般来说，是空方力量的一次集中爆发，但也说明这里潜伏其中的空方力量强大，作为控盘的庄家，面对沉重的抛盘，如果要强行拉升，需要巨大的资金来接这些抛盘。庄家不是每个都实力超强，手中有大把的资金，而很多都想四两拨千斤，用很少的钱来创造更多的利润。所以可能在放巨量的当天，庄家应该接下了部分筹码，并将拉升的目标远远地定在了放巨量的上方，这个时候的筹码对他来说很便宜。但是当天过多的卖下这部分筹码，也让庄家手中的资金开始变少，甚至出现了不足。但是庄家吃了部分空方卖盘之后空方的力量还是很大，这个时候庄家开始担心，而手中资金又不多了。所以在这个时候多翻空，用手中过多的筹码将股价逐渐压低，股票价格变低，就会有部分空方开始对价格不满产生惜售，而场外的部分资金也开始进场。但是主力并不给进场的这部分资金和惜售的空方任何喘息的机会，他会用自己的筹码和手中的资金反复地拉升和打压股价，但范围并不大，时间却持续很长。这样一番折腾之后，场外资金无利可图，或是失血认亏出场，惜售的空方也对价格不再抱有任何幻想，甩手卖出。而场外又会有新的资金进场。反复和长期地调整，因为筹码不停地转手会逐渐抬高持筹者手中筹码的成本，成本高了，想获利出逃，自然也要在较高的位置卖出才行，这样就给日后庄家拉升减轻了压力。

到 2007 年，主力再次放大量突破了长期调整形成的趋势线 L3。而长期调整之后向上拉升阻力已经没有多少。所以股价再次出现了飙升行情，如图 4-36 所示。

ST 股票就是这么疯狂，只要你看得准，买得及时，飙升起来会让你迅速"咸鱼翻身"。

二、第二阶段

2007 年 5 月，ST 威达在 9 元多见顶后出现了连续跌停的暴跌行情，连续六个跌停，足以击穿所有的技术阻力位。这个时候我们团队中操作 ST 威达的操盘手反弹就出，在暴跌后短暂反弹形成的小平台少卖掉了所有的股票，如图 4-37 所示。

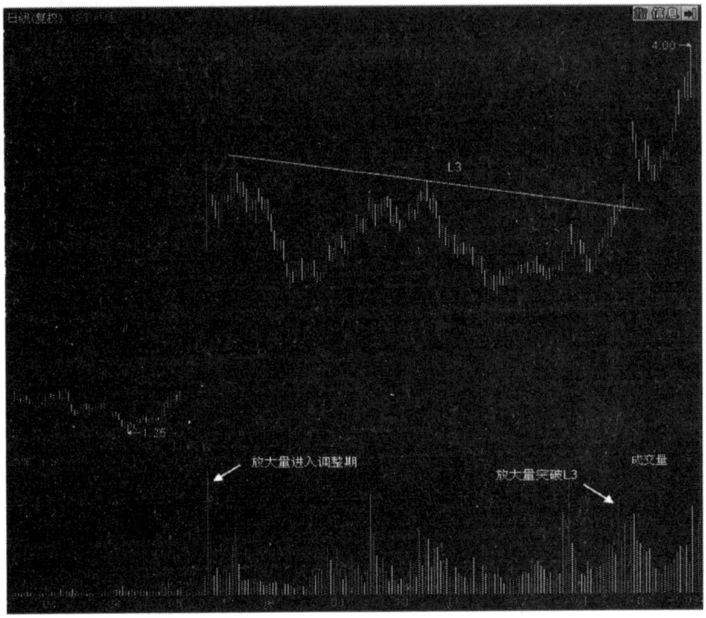

图 4-36　ST 威达日线二

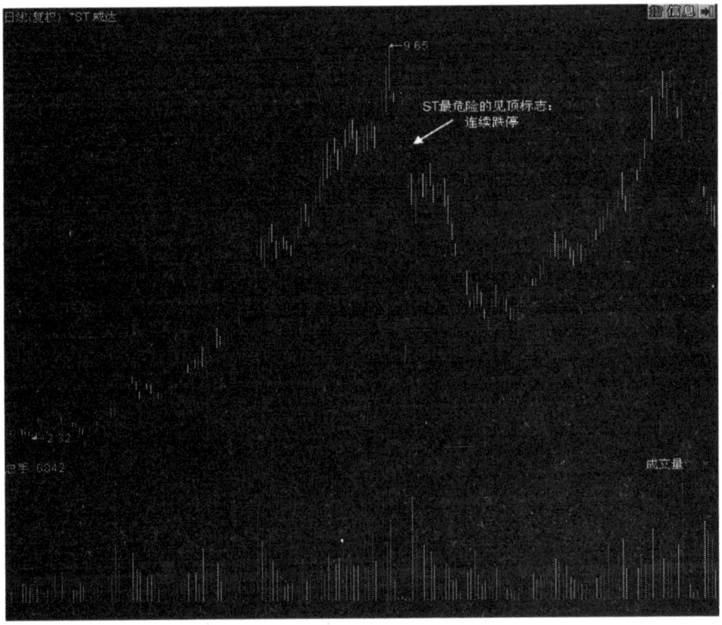

图 4-37　ST 威达日线三

ST 出现暴跌和其他股票拉大阴线是一个道理，那就是控制大部分筹码的主力已经将筹码卖给了散户，而这些散户名副其实散沙一盘，买的时候相信还有比自己更傻的人在高位等他们，可是一旦大盘有小调整，他们就一个个跑得比中印战争中溃散的阿三大兵还要快，股票也会出现暴跌，而且连续地暴跌。所以，当高位出现连续大阴线或是 ST 股票出现连续跌停时，一定要坚决看淡后市，迅速卖出。

⇒ 第十四节　西飞国际　000768

"工欲善其事，必先利其器"。有先进的武器装备才能在未来的军事斗争中有更大的获胜机会。所以武器装备是国家军事力量建设必先选择的投资项目。而像西飞国际、洪都航空这些我国航空制造业的龙头企业，随着国力的日渐增强，必然发展壮大。

作为一个军事和世界战略的爱好者，我在刚开始接触股票的时候曾经不止一次地这样想过，这些想法合情合理，没有什么错误的地方。但是，这些想法和其他让你对一只股票产生喜好感情的想法一样，对于我们操作股票没有丝毫的帮助，有的时候反而会成为我们赢利的绊脚石。

在操作一只股票的时候必须清除这些想法，并不是这些想法有什么错误，而是这些想法和我们是否能够取得利润没有丝毫关系。

能让我们高胜算操盘的途径，就是技术分析。通过技术分析判断股票的当前走势和未来走势，是我们私募团队能够不断赢利的唯一法宝。

前一个大牛市结束的时候，西飞国际作为军工股的龙头，在 2008 年 1 月见顶，随后股价一路下跌，同年 11 月，趋势反转的信号发生。

经过长期的下跌，所形成的长期下跌趋势线 L1 和下跌支撑线形成了一个明显的楔形，也就是一个尖角向下的三角形。和普通三角形一样，当股价走到楔形尖角的时候，趋势必然发生改变，如图 4-38 所示。

见底之后（到 4.18 元），股价就开始缓慢攀升，逐渐穿越了下跌趋势线 L1，而且成交量也明显放大，这个时候我们开始建仓。

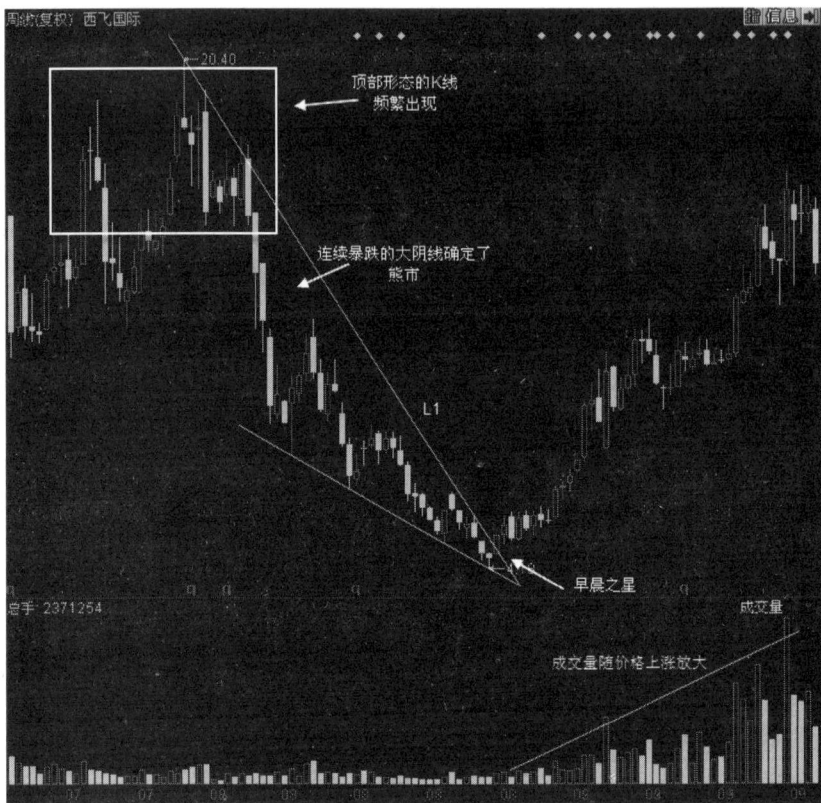

图 4-38　西飞国际周线

在我们买进之后 2009 年 4 月才出现第一次调整，经过三个月的调整，2009 年 7 月 8 日、9 日主力连续放量，突破了三个月调整形成的压力线 L3，标志着调整结束，股价将继续上涨。

2009 年 8 月 26 日，西飞国际最高上涨到了 16.80 元，但是成交量放得过大，这是一种非常异常的走势，也是上涨过程中一种不健康的走势，如图 4-39 所示。

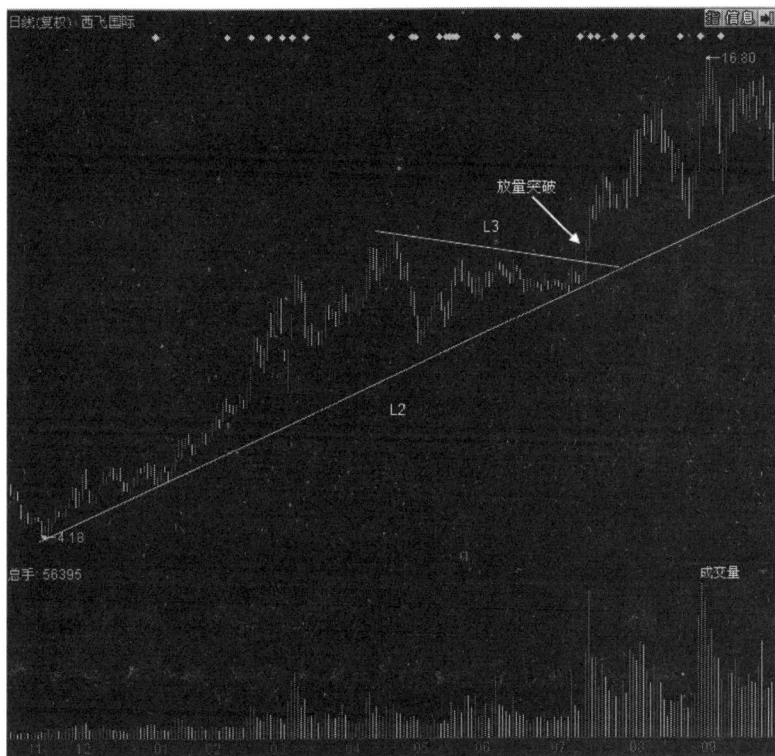

图 4-39 西飞国际日线

反转的可能在这个时候将比较大（笔者在写此书的时候还不能看到西飞国际在放大量之后将会出现什么走势，但是可以推测，随着大盘的下跌，西飞国际下跌到上涨形成的趋势线 L2 附近的时候，将会出现下跌阻力，股价将出现短暂反弹）。

西飞国际的走势强于大盘，但如果 L2 被击穿，我们将选择清仓退场。但是短期来看在 L2 处将出现的反弹是一个非常好的减仓的机会。

第十五节 平庄能源 000780

一、第一阶段

下跌过程中连续拉涨停，是趋势将要发生反转的明确信号。

平庄能源从 19.60 元开始下跌，一直跌到了 3.80 元。下跌的末端，成交量极度萎缩，一度下降到了换手率 1%以下。成交量极度萎缩，是买卖双方发生极大分歧的结果。这个时候如果有人进场收集筹码，则是一件困难的事情。因为此时持有股票的人惜售手中的筹码。所以收集筹码的庄家稍微出手买股，股价就极易涨停。但是为了在一轮新开始的牛市中较早收集到足够的筹码，有的主力会直接将股票拉涨停，这样不仅抢到了一些出逃的宝贵筹码，而且在股价被连续拉升之后，再翻手做空，利用手中的筹码将股票价格打低，让股票产生振荡调整，调整的时间一长，部分投资者必然耐不住寂寞，卖掉手中的股票，而主力或是庄家借机吸筹，抢到廉价的股票。

平庄能源的庄家就是利用这种战术，连续将股票在底部拉涨停之后，抢了一些筹码。之后庄家又开始翻手做空平庄能源，让其产生一个为期三个月的振荡行情。这次时间较长的振荡调整，在后期成交量明显变大，可见部分持筹者放弃了手中的平庄能源，错误地将低廉的股票抛出。

二、第二阶段

能拉涨停，绝对是庄家实力的超强体现。

突破调整形成的趋势线 L2 之后，我们也进行了建仓。随后平庄能源的上涨趋势一直持续到 2009 年 2 月 25 日，才出现第一个为期一个多月的调整。调整末期，成交量极度萎缩，这个时候主力抓住时机，使用极少的弹药就将平庄能源拉了起来，而在突破前期高点的时候，股价连续涨停。

连续两天涨停之后，突然出现了换手率 16.39%的巨量阴线。这种阴线的出现，有可能是盘中某个套牢的主力在庄家封涨停之后突然砸盘出逃。也有可能是像我们这样的私募团队获利出逃，不过这种出逃手段非常卑鄙无耻，为同行所不齿。所以我们绝不使用。

巨量之后的调整使成交量非常大，这里一定进行了筹码交换（一个或是多个主力放弃了手中的筹码），这些筹码应该是被前期控盘的庄家如数接下的。

因为这个时候底部吸筹建仓的庄家实际利润并没有多少。要赚钱，必

须向上继续拉。

到了 7 月，平庄能源最高上涨到了 16.17 元，随后的下跌击穿了长期上涨形成的趋势线 L3，这个时候我们果断地进行了平仓出局。而之后的反弹，成交量不大，给人一种软弱无力的感觉，如图 4-40 和图 4-41 所示。

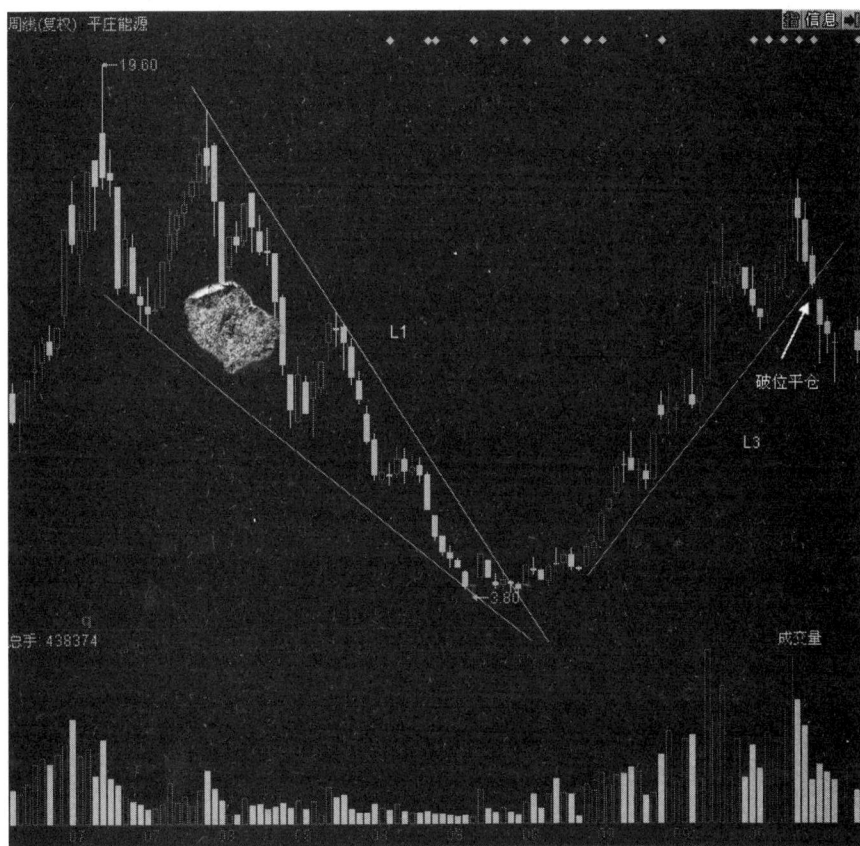

图 4-40 平庄能源周线

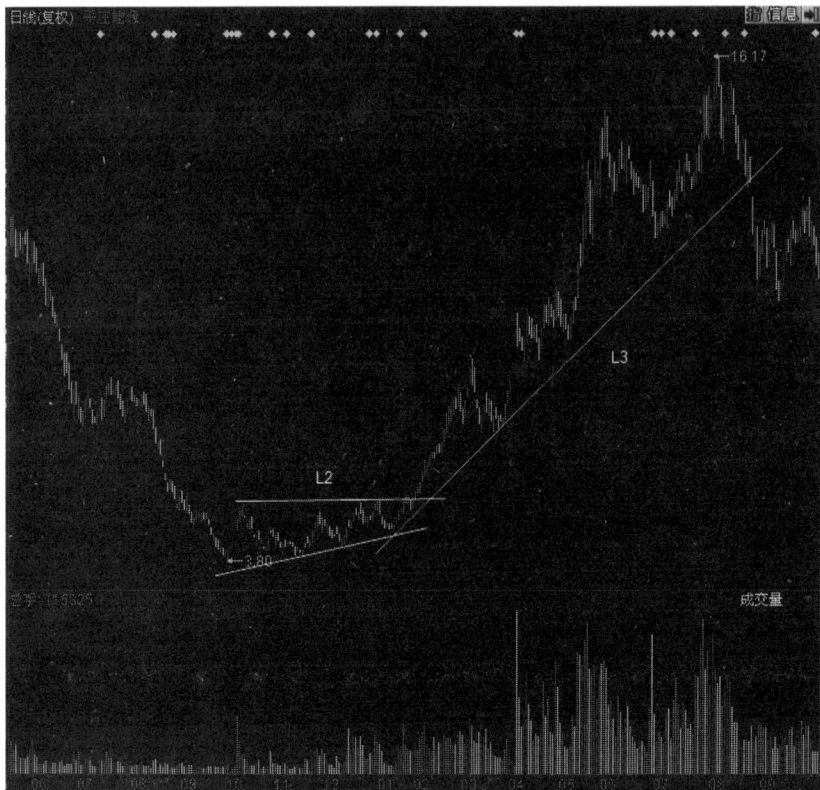

图 4-41　平庄能源日线

➡ 第十六节　银河动力 *000519*

一、第一阶段

日本K线起源于德川幕府时代,这个时代的日本在德川家康的统治下,百废俱兴, 社会经济有了很大的发展。农业生产的发展促使商业活动的兴盛, 在大阪等地出现了大米的期货交易, 米商们在交易"大米库券"的活动中, 逐渐产生了K线图和日本最古老的技术分析。

这个时代的日本, 还出现了日本历史上赫赫有名的"市场之神"本间宗久。本间宗久于 1729 年出生于一个富裕的家庭, 1750 年本间宗久在接

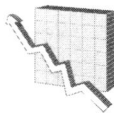

手家族产业之后，在故乡酒田开始了他的大米交易生涯。因为本间宗久出道于故乡酒田，所以日本的技术分析中经常出现"酒田战法"的术语指的就是本间宗久的战法。

本间宗久的交易生涯可谓战功显赫，他控制了日本最主要也是最古老的大阪大米交易市场之后，后又转战江户，他凭借自己对大米市场的深刻研究，取得了骄人的成绩，也积累了巨大的财富。他著有技术分析书籍《酒田战法》、《风、林、火、山》，以及他在大米交易市场上所使用的战术，后来演变成了今天的日本蜡烛图战法。

今天在中国股票交易市场上使用传统的日本蜡烛图战法所遇到的问题是胜率并没有那么高。和古代日本米市相比，现今中国股票交易市场中经常出现庄家为了自己的目的，刻意地画线，在日线中对 K 线图作假。所以使用短周期的 K 线来进行分析，胜率不高，但是如果使用周线以上的 K 线来进行技术分析，则可以取得较高的胜率。这一点，我们在书中也反复强调过。在平时的实战中我们也反复使用日本 K 线图来进行操作。而本间宗久的《风、林、火、山》则是我们交易的主要战术要领，即"其疾如风，其徐如林，侵掠如火，不动如山"。

二、第二阶段

从 2000 年 5 月底开始，银河动力经过一个牛市之后开始见顶下跌。经过了一个三浪下跌之后，银河动力在 2005 年 11 月下跌到了 2.19 元。所谓三浪下跌，是波浪理论中的术语（本书中没有提及波浪理论），而波浪理论本身有很大的缺点使普通读者很难掌握。但是三浪下跌这个观点也可以借鉴，就是说一个主要的下跌浪是由较小的两个下跌浪和一个反弹浪组成的。从 2000 年 5 月开始到 2005 年 11 月结束的下跌浪是由较小的两个下跌浪和一个反弹浪组成的，在这个大的下跌浪中，反弹浪出现在 2002 年 2 月到 2004 年 2 月。数月反弹之后，股价跌破反弹支撑线 L0，进入最后一个下跌浪。

如果你对我上面的波浪理论的一套分析丝毫不能理解，没关系，你只要明白在下跌中一定会有反弹即可。在 2000 年 5 月到 2005 年 11 月的下跌中，曾经出现了两年的反弹。而面对下跌过程中的反弹，作为私募，我们的战术是"不动如山"，丝毫不出手。因为反弹很难预测什么时候结束，而且大都涨幅不高。区分反弹和趋势反转上涨的一个标志是成交量，如果下跌中成交量始终难以放大，那么一定是反弹而不是趋势发生了反转。

2005 年 11 月，银河动力的走势图中出现了早晨之星、双针探底等见底形态，并且股价在成交量放大之后逐渐突破了下跌趋势线 L1。鉴于下跌趋势线被突破，并且有见底 K 线形态连续出现，我们团队开始买进了一些的银河动力。但是这个时候要确定见底还需要成交量的放大，因为这个时候的成交量虽然有所放大但是并不是很大。由于这个时候股价非常低，即使这里不是底部，那离底部也不远，所以我们这个时候大胆地吃进的银河动力很多。在买进股票的过程中，只要是我们看中的，我们就会迅速出手，丝毫不犹豫，并且坚持我们的纪律，不为其他因素所干扰。我们的行动迅速，有纪律，这就是"其疾如风，其徐如林"，如图 4-42 所示。

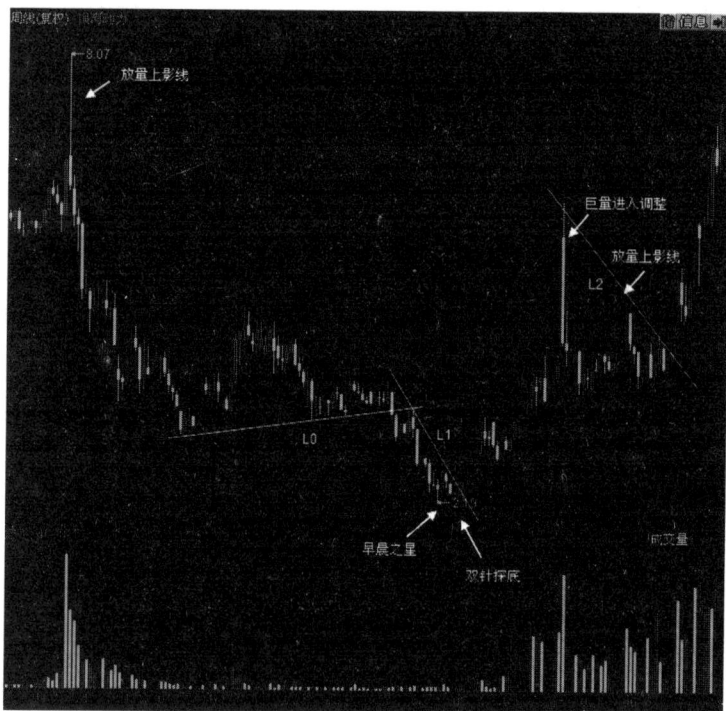

图 4-42　银河动力周线

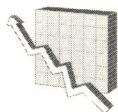

股价上涨了一段时间之后，在 2006 年 1 月底再次进入调整，为期三个月左右的调整之后，成交量开始放大，并且突破了调整区。这个时候的成交量放大进一步确定了趋势已经发生了反转，现在股价走势是在一个经历了大跌之后的上涨之中。也就在这个信号出现之后，我们团队进行了加仓。

三、第三阶段

2006 年 7 月，周线中出现了放巨量的大阴线，随后出现了一个较长时间的调整，前面已经讲过了为什么在这种放量大阴线之后会出现调整甚至是反转下跌。10 月份的放量上攻遇到了很大的阻力，以失败告终，三个月后，银河动力才再次放量突破调整压力线 L2。

上涨持续到了 2007 年 6 月，这个时候的周线中出现了断头大阴线，而月线中则是一个放量上影线，这里成交量巨大，战死套牢的无数多头，由此引发了银河动力漫长的见顶过程。在月线中连续出现黄昏之星、放量上影线、上影线丛林等见顶形态不久，一个断头大阴线击穿了上升趋势线 L4，而这之前我们已经进行了建仓。这个时候我们坚决清仓观望，如图 4-43 所示。

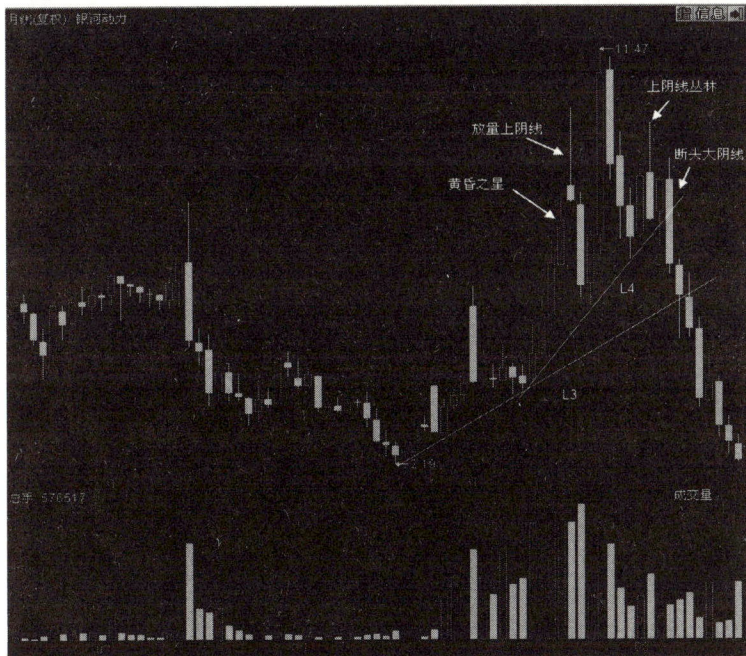

图 4-43　银河动力月线

在比 L4 更大的趋势线 L3 被击穿之前，带长下影线的阴线说明有部分不死心的多头还在这里进行了负隅顽抗。而日后飞流直下三千尺的走势，无情地吞噬了这些多头的财富。

第十七节　ST 沪科 600608

一、第一阶段

股市是一个充满风险，也是一个充满利润的地方。股市中各种花样繁多的陷阱会让你血本无归，这些陷阱有的极其粗糙，很容易辨别；有的伪装得非常巧妙，很难分辨。

熊市中期经常出现反弹，通常情况下，中期反弹的成交量并不能有效放大，也就是说中期反弹的最大成交量很难超过牛市中的最大成交量。这也是通常情况下区别反弹和趋势反转上升的有效标志。前面讲过，所有关于股市的规律和理论，没有一个可以让你百分之百地获胜，但是却可以提高你的胜算。这点很重要，也许你操作一百次，其中有百分之八十的操作都是正确的，如果你的资金管理得好，那你一定会从股市中赚到钱。

ST 沪科从 2000 年 12 月开始下跌，两年后，也就是 2002 年 12 月开始反弹，一直到 2004 年 4 月，共出现两次明显的反弹，而且这两次反弹在上涨的过程中，成交量都非常大。甚至最大成交量超过了前期牛市时候的最大成交量。这两次反弹，很容易让人错以为是趋势真正发生了反转，因为我们知道股市中成交量有效放大是区别反转和反弹的明显标志。

成交量区别反弹和趋势反转上涨这个规律在大部分时候是正确的，但是当我们再用其他方法验证趋势是否发生反转的时候，矛盾便出现了。如果是上升趋势，那么我们可以画一条上升趋势线，而不是一条下降趋势线。当在图上画出 L1 和 L2 的时候，我们发现这两条趋势线都是角度下降的。所以，如果成交量有效放大之后趋势发生反转，那么现在的趋势应该是上升的，可是现在的趋势线明确告诉大家，趋势下降。所以趋势反转的结论便有问题。在股市中，当我们产生怀疑的时候千万别去冒险，因为股市中

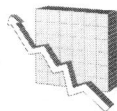

没有让你百分之百获胜的法宝，但是却有很多个陷阱在等着你。所以，如果你打算买股票，一定要等你通过技术分析的方法确定可以买进之后再行动，如图 4-44 所示。

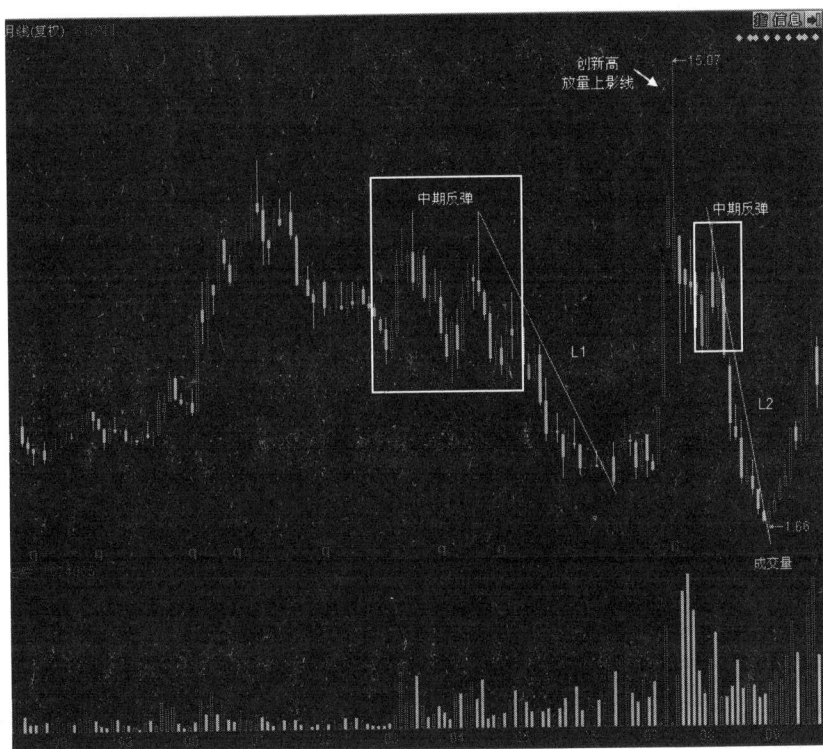

图 4-44 ST 沪科月线

2006 年的时候，真正的机会出现了，长期趋势线 L1 被翻越，而且 L1 之后由压力线变成了支撑线，股价下跌到 2.84 元之后，L1 变成是支撑线，股价不再下跌，这个时候我们开始建仓 ST 沪科。短暂的三角调整之后，股价再无新低，在三角形的顶部，趋势一定会有大的变化，而这个时候 ST 沪科已经经历了 6 年的熊市，此时大盘也已经转暖，各股也纷纷上涨。ST 板块这个时候有很大的机会。鉴于种种原因，我们在三角形顶部开始买进。在我们再次买进不多的时候，ST 沪科在将会有高配送利好传言的冲击下开始涨停，但是这个时候成交量非常低，可见庄家早有预谋，在拉升段不留给任何人机会，如图 2-45 所示。

2007 年 6 月 28 日，送股利好兑现，当天股价微跌，但是成交量在中午收盘时候却已经是巨量收盘。下午，我们将手中的 ST 沪科全部抛出。因为这种利好兑现巨量见顶的情况在中国股票市场中非常常见，庄家往往借利好出货。

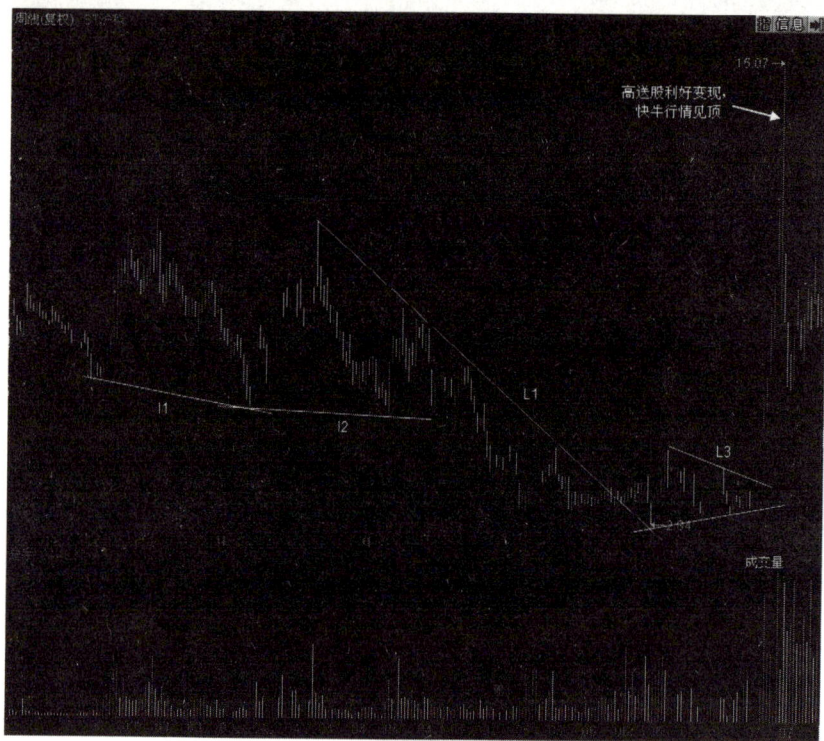

图 4-45　ST 沪科周线一

二、第二阶段

2008 年 4 月，ST 沪科在经历了长期调整之后，成交量再无明显放大，股价直接击穿了长期调整形成的支撑线 L4。下跌空间被打开后，向下再无支撑位，一直下跌到 2008 年底才有所转机。

2008 年 11 月，ST 沪科跌成了一元股，最低价跌至 1.66 元。但之后随

着成交量的稳步回升，价格逐渐翻越了长期下跌趋势线 L2。这个时候我们团队再次买进 ST 沪科。

在笔者写此书时，ST 沪科仍然在下跌，但是并没有跌破此轮上升趋势线 L5，虽然在 2009 年 8 月 28 日后股价有所反弹，但是成交量没有明显回升，此时我们已经将部分仓位进行了获利了结，如图 4-46 所示。

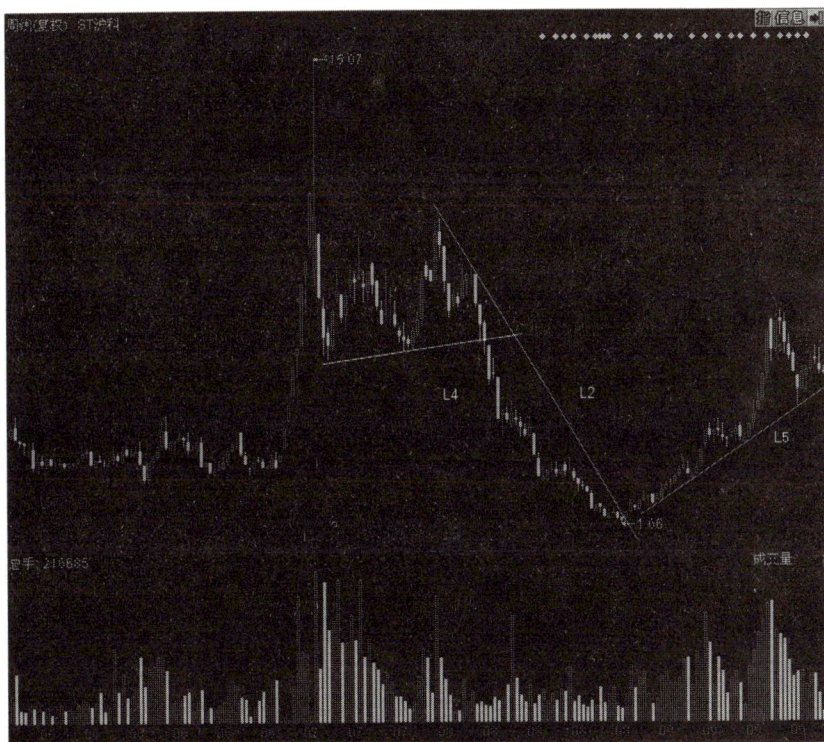

图 4-46　ST 沪科周线二

第十八节　万家乐 000533

一、第一阶段

进行股票交易是非常简单的事情，只要买对、卖对就能赚钱。我相信很多股民一定有和我成为职业操盘手之前一样的想法，那就是每天

4 个小时看盘，一周五天，凡是节假日全部休息。对于中国大部分劳动者来说，这是多么美好的职业啊。不用进行繁重的体力活只要脑力劳动，不用加班，不用看老板脸色，只在计算机前喝喝茶，动动键盘进行买卖就可以。但是现实情况是在中国的股票市场真正能成为职业股民的，凤毛麟角。大部分人在不断地重复犯一些低级的错误，在不停地进行错误的买卖。

对于普通股民来说，进行正确买卖的途径无疑只有三条：基础分析，技术分析和跟随大盘炒股票。使用基础分析，进行价值投资最成功的人是巴菲特，而巴菲特买卖股票的方法很简单，但是对于普通投资者来说，你很难获得详细的资料来了解一个公司的真实财务状况，普通投资者很难靠一些表面的资料来正确判断一个公司的价值。所以，巴菲特买股票的方法很多人都知道，但是却很少有人能模仿他的方法获得成功。跟随大盘炒股票可以赚钱，但是前提是很少有人能在大部分时候对大盘的走势有很好的把握，往往是股民中事后诸葛的一大堆，能够预测大盘的孔明少之又少。而使用技术分析，不仅可以对大盘进行高胜算的预测，也可以对各股未来走势进行很好的推测。可以很好地指导我们进行高胜率的买卖，从而让我们的利润翻倍，再翻倍。

二、第二阶段

成交量是技术分析中很重要的技术指标，但与成交量相比较，价格更为重要，因为价格更能说明一切。

当股价翻越下降趋势线时，意味着下降趋势将结束，股价将反弹或是趋势将反转向上。股价下跌击穿上涨趋势线时，意味着趋势将调整或是趋势将反转向下，一般来说，时间较长的趋势线被翻越或是击穿趋势反转的可能性将更大。

使用趋势线进行技术分析，是我们私募炒股获利的一大法宝。

2000 年 9 月到 2002 年 1 月万家乐下跌形成的下跌趋势线 L1 随着大盘的逐渐转反弹被击穿，随后一直到当年 12 月份的下跌中，L1 由下跌变成了支撑。2003 年股价逐渐站稳回升，此年 12 月份开始放量反弹，但是时

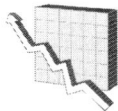

间不长，价格也没有翻倍。在放量的带长上影线大阴线之后，股价见顶，一路下跌击穿了穿越 L1 下跌趋势线形成的最后的一根上升趋势线 L2。至此，反弹确定。这波急速反弹并不能说明趋势发生了反转，而表明此股仍然在大熊市中，如图 4-47 所示。

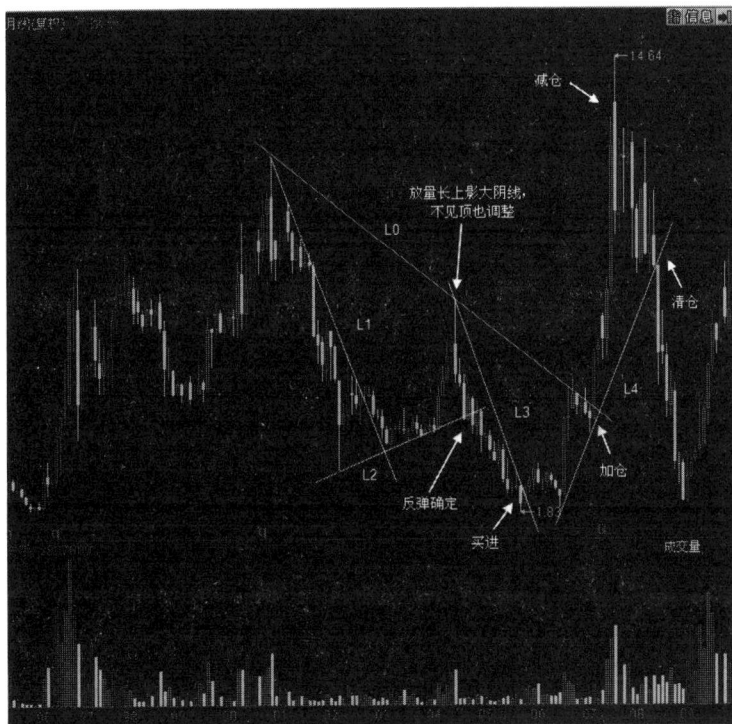

图 4-47　万家乐月线

股价的继续下跌，让万家乐变成了"万家套"。但是对于在熊市中可以守住手中资金，等待机会的投资者来说，当万家乐跌破 2 元的时候，无论从哪个角度看，发财致富的机会都来了。

2005 年 7 月万家乐跌至 1.83 元后股价止跌，短暂上涨调整后并没有再创出新低。在调整形成的趋势线 L5 被放量突破后，我们开始建仓万家乐，因为趋势很可能在这里发生了反转，如图 4-48 所示。

股价放量上涨，行情异常火爆。2006 年 8 月后，股价迎来了为期半年

的调整。半年后，调整形成的趋势线 L6 再次被放大的成交量突破。股价从 1.83 元开始上涨到此时，上涨放量，下跌缩量，走势非常健康。而 L6 被突破的同时，从 2000 年 9 月开始下跌到 1.83 元形成的时间最长的趋势线 L0 也被上涨翻越。这是股价趋势反转上涨最明显的信号，所以我们在这个时候选择了再次加仓。

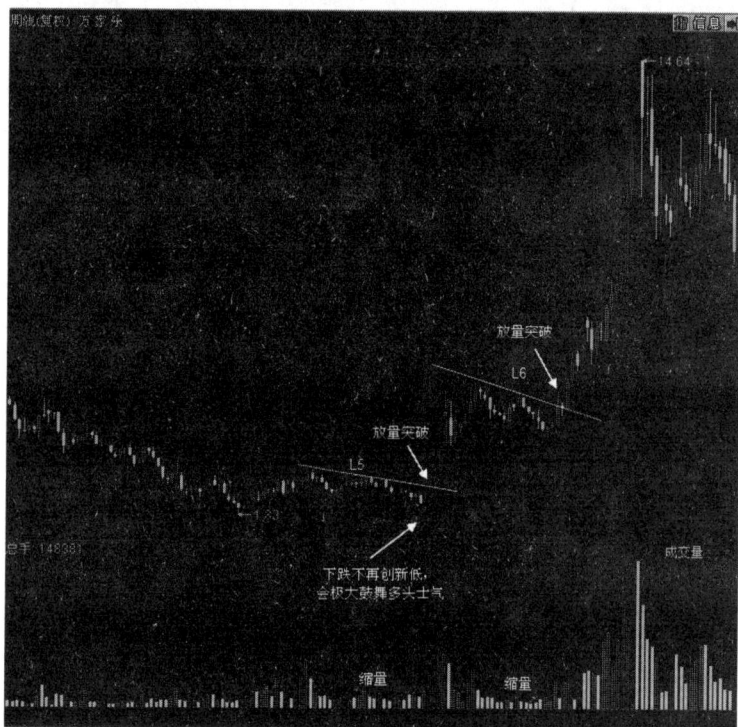

图 4-48　万家乐周线一

三、第三阶段

股价一直上涨，到 2007 年 6 月才开始大幅度的振荡，股价从 14 元多下跌到 10 元多后的反弹没有创出新高，在反弹的时候成交量也明显萎缩。面对这种见顶大阴线不断的振荡，我们及时选择了减仓。

随后，2007 年下半年一直到 2008 年初的反弹成交量和股价都没有创出新高。两次不创新高，而且价格从 1.83 元开始上涨到现在已经高高在上，

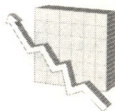

这个时候见顶的概率非常大，所以我们进行了清仓，退场观望。

2008年奥运会前，大盘下跌得非常迅速，到4月份，从14元多开始下跌形成的大型三角调整随着股价的下跌被击穿。这个信号的出现，明确地告诉大家，上涨趋势早已经结束。这个时候手中有筹码的投资者一定要选择清仓，如图4-49所示。

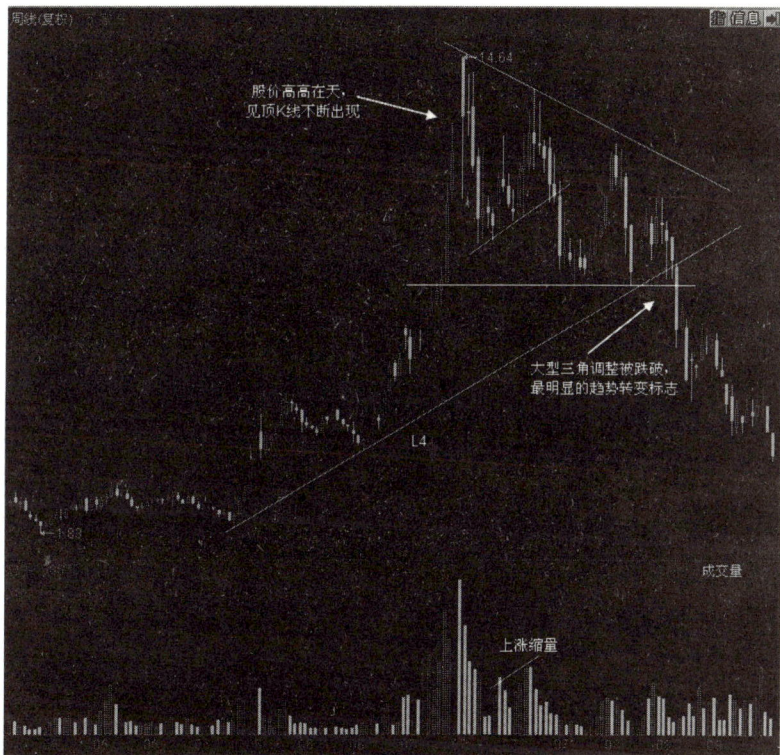

图4-49　万家乐周线二

第十九节　S仪化 600871

一、第一阶段

大部分人都急着发财。炒股票的很多股民也一样。急着发财的心导致很多股民很容易犯多种错误。

第一种错误就是不判断现在股票走势如何就去买，而且赔了就割肉，割肉了还要再买。这种人最常见的表现就是见了别人就问今天某某股票可以买不，有没有什么消息。为了能尽快发财，他要不停地买进。

第二种错误是短进短出，即使股票现在是在一个大的上升趋势中，遇到一个小的调整就会卖出。这种人往往赚不了什么大钱，抓不住大机会，目光短浅。

要想克服这种急着发财的心理引起的错误，只能认清楚股票的走势，利用现有的金融技术分析手段对股票的未来走势进行合理的分析和判断。从而做到"抓大鱼，吃大肉"。

例如，我们操作过的 S 仪化，在 2001 年 7 月到 2005 年 7 月的下跌过程中（2003 年和 2004 年曾经出现了短期的上涨），如果是在这个幅度不大的反弹中买进股票，那么，投资者所承担的被套牢的风险将会非常大。因为这波行情中虽然成交量放得很大，但是涨幅并不是很理想，如果操作不当，就很难赚到钱，一旦被套牢将会很难受。

2003 年和 2004 年的这波小行情是鸡肋行情，普通投资没有必要进行操作。炒股票，只要抓住一波能让你的本金翻 1 倍以上的行情才能真正赚到钱。大部分高手的经验是，在牛市来临的时候全力投入，在熊市的时候绝不操作。

2005 年反弹形成的上升趋势线，也是反弹的支撑线，被下跌击穿，宣告反弹失败，也明确地告诉还对 S 仪化抱有希望的股民，现在仍然处在熊市当中。

2005 年 7 月 S 仪化的行情开始有所变化，在走出一个带长下影线的阴线时，股价最低跌到了 1.82 元。然后股价开始反转上升。注意，大家可能在股票软件上看到我所说的那个"带长下影线的阴线"很小，那是因为这个时候的股价已经很低，即使是 10%的变化也相对很小。

股价上涨逐渐翻越了长期下跌形成的下跌趋势线 L1。这条趋势线也是上涨的压力线，形成 L1 的时间非常长，所以一旦这条线被突破，趋势反转的可能性将会非常大，如图 4-50 所示。

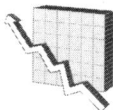

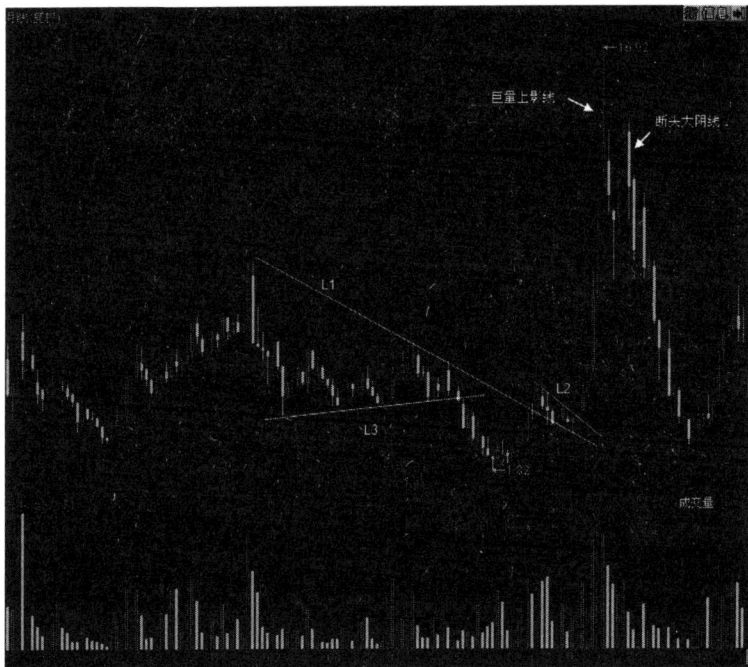

图 4-50　S 仪化月线

L1 被翻越后不久股价就开始调整，但是下跌的幅度很小，下跌的过程中 L1 反而变成了调整的支撑线。压力变支撑也是趋势将会反转的一个信号。

当调整结束，调整的压力线，也是下跌趋势线被翻越的时候，我们私募团队也有了一笔空闲的流动资金，这个时候我们全力买进，因为这波行情击穿了长期下跌趋势线，有很大可能意味着一波大行情的到来。大牛有大肉，这个时候我们有多少钱都敢投进去。

在我们买进 S 仪化之后，潜伏其中的主力控盘非常牢固，拉升起来速度很快，我们手中的 S 仪化是翻倍再翻倍，大牛的肉才是最有营养的。

二、第二阶段

2007 年 5 月，S 仪化最高上涨到了 16 元多，但是很快下跌到了 12 元多，整个 5 月的月线也以一个带有长上影线，实体不大的阳线收报，而且成交量非常大。月线中这种 K 线的出现，虽然收报阳线，但经常是股价见顶的一个强烈的信号。翻看周线，这个时候已经连续出现了见顶十字星、断头大阴线等见顶K线组合。我们在这里也选择了将大部分仓位变成现金，落袋为安。

这波急促的下跌行情到了7月份的时候出现了变化，中间的两根周线带有长下影线，呈"双针探底"走势，这种见底走势鼓舞了多头仍然对股市保有希望的股民，以及大批刚刚开户的股民的疯狂买进将早已泡沫化的S仪化再次推进到了前期顶部，16元附近。但是前期带有长上影线且以巨量见顶的K线上套牢了大批股民，这些套牢盘很快将这波上涨行情扼杀，股价再没有创出新高。

趋势反转时的数根K线都带有不小的上影线，形成了见顶组合"上影线丛林"，如图4-51所示。

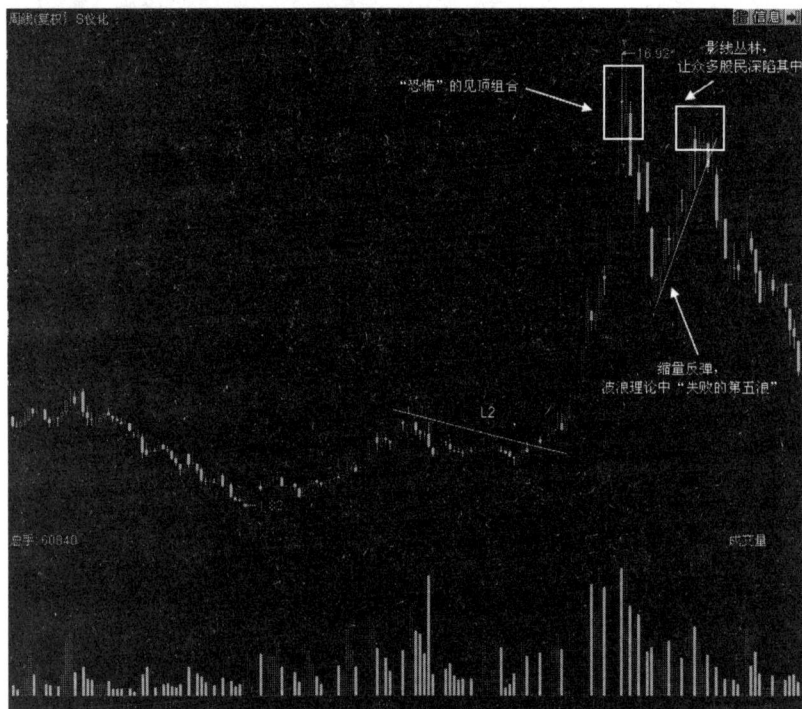

图 4-51　S 仪化周线

股价大幅振荡，见顶 K 线组合频繁出现，现在股价已经在顶部的可能非常大，我们在"影线丛林"中也对剩余的仓位进行了清仓处理。

正是因为抓住了大行情，我们才能赚得大把的钞票，这波行情，让我们的本金翻了三倍多。而如果是抓那些小的反弹行情，用每天我要赚百分之个位数的思想来炒股，经常是抓了芝麻漏了西瓜，很难在不到一年的时间内让本金翻三番。

➡ 第二十节　招商银行 600036

一、第一阶段

炒股就是这么一场特殊的赌局，没有哪个股民在这场赌局中没有赚过钱。谁会没有在炒股中或多或少地赚过钱，但是股票市场中的投资者总体上说是大部分人在输钱。

假如说你做了十次股票买卖，每次都赚 100 元或是输掉 100 元。如果你赚了五次，那就是平局，而要想赚钱，只有赚的次数多与五次。当然如果赚钱次数少，但十次后还想赚到钱，那只有每次赚更多的钱。这是一个简单的道理，但却告诉我们这些普通股民，在股票投资的时候要提高自己赚钱的次数或是每次赚钱的时候要赚大钱，这样才能让股票投资成为你发财致富的利器。

上一节讲到，要赚大钱只有抓住大行情，大牛才有大肉吃。短暂而且涨幅不大的反弹行情是鸡肋而已。股票市场上没有哪个人靠一次股票买卖发大财的，这种人可能未来有，但是现在还没出现，即使出现的概率也很小，比买彩票中双色球的概率还要小。大部分股票高手都是通过数次交易才积累起了大笔的财富。而要增加获胜交易的次数，使用趋势线对股票进行分析是个不错的途径。在使用趋势线的时候要注意，形成趋势线的时间越长，一旦被突破，趋势改变的信号准确率越高，但是买进和卖出的信号却发生得越迟钝。要想使用好趋势线这一股票技术分析的利器，就必须对其形成的时间有个很好的把握。要做到这一点，靠的是几分天赋和更多的苦练。

在我们团队第二次炒作招商银行的过程中，长期趋势线和短期趋势线

的这种关系就很明显。下面在招商银行的例子中将讲到。

就基本面来说，招商银行是很多机构投资者公认的最有潜力的一只股票。但是招商银行从 2002 年 4 月上市之后，走势和大家的想法差别很大。

二、第二阶段

从 2002 年 4 月上市起，招商银行一直下跌到 2.44 元才止跌。但是之后上涨幅度非常小，从 2003 年 4 月到 2005 年这段时间，招商银行一直在一个很小的价格带振荡。长期振荡形成的趋势线，也是上涨的压力线，在两年多的时间内一直没有被突破。但是在 2006 年 1 月 4 日，股价突然涨停，当天的成交量也很大，主力摆出了一副开始拉主升段的架势，但是上涨了几个交易日后，随着利好消息的兑现，股价开始短期下跌，直到 3 月 7 日股价才再次上升。从周线上看，这一段时间堆起了一堆成交量，而股价也在量能的推动下突破了 L1。股价上涨突破长期趋势线，这是一个非常好的建仓信号，这个时候我们开始第一次建仓，如图 4-52 所示。

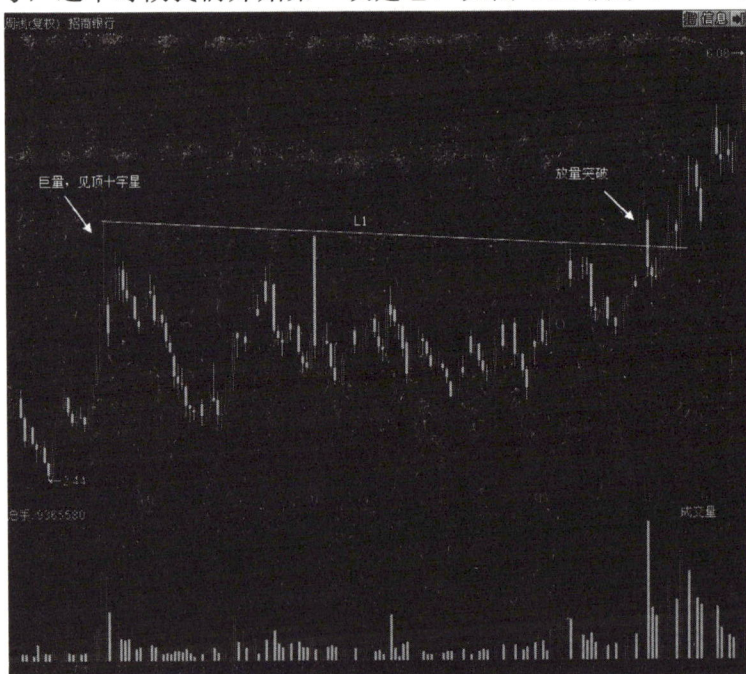

图 4-52　招商银行周线一

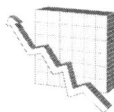

　　突破 L1 之后的招商银行，吸引了众多投资者的关注，股价开始一路上升，而我们也逐渐加仓到我们的目标仓位。到了 2007 年 10 月，股价上涨到了惊人的 35 元多。

　　而 2007 年 10 月后，随着股价的短期下跌，11 月的月线成了一个巨大的阴线，将 10 月的大阳线全部吞没。而在这之前，成交量已经极度萎缩，高位缩量是一个危险的信号。而即使招商银行的基本面再好，有再大的潜力，在严重泡沫化的股价面前，都不能成为我们继续持股的理由。于是在 12 月份，我们对手中的招商银行进行了大幅的减仓。而次年 1 月份的月线，再次收成断头大阴线，所以在 2 月初，我们将招商银行进行了全部清仓。

　　2 月和 3 月的月线收成了双针探底走势，4 月份出现了反弹，月线收成了大阳线。但这个时候成交量迟迟不见放大，在大盘的拖累下，4 月份再次收报断头大阴线。这个断头大阴线将长期上升趋势线 L2 击穿，多头卷土重来的梦被彻底击碎，如图 4-53 所示。

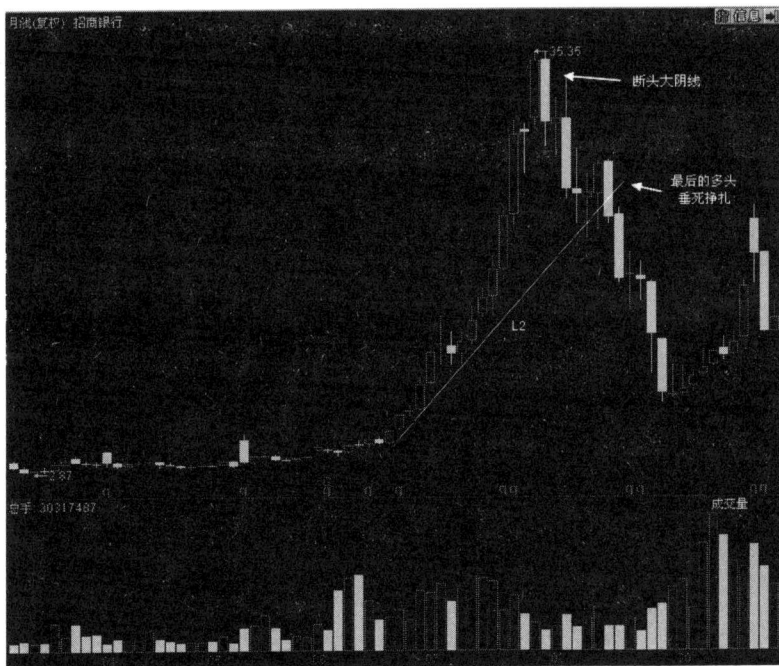

图 4-53　招商银行月线

2008 年股市下跌得非常厉害，股市中的机会都是这么跌出来的。2008年年底我们团队接待了一位客户，他指名让我们帮他买进招商银行。

虽然 2008 年 12 月份招商银行的股价有所反弹，但是趋势反转的信号并不是很明显。即使在客户的催促下，为了减少风险，我们还是等待机会成熟再买进。到 2009 年 1 月份，股价的上涨翻越了一个中期下跌的趋势线L3，这条趋势线和下跌最长时间确定的趋势线 L4 相比并不算很短，所以我们在这里选择帮客户建仓招商银行。如果是选择 L4 被上涨击穿无疑发现会比较小，但是即使到笔者完成这本书的时候，L4 还是没有被有效的击穿。选择 L2 或是更短时间形成的趋势线要比 L4 可以更早地抓住上升趋势，但是确要面临更大的风险，如图 4-54 所示。

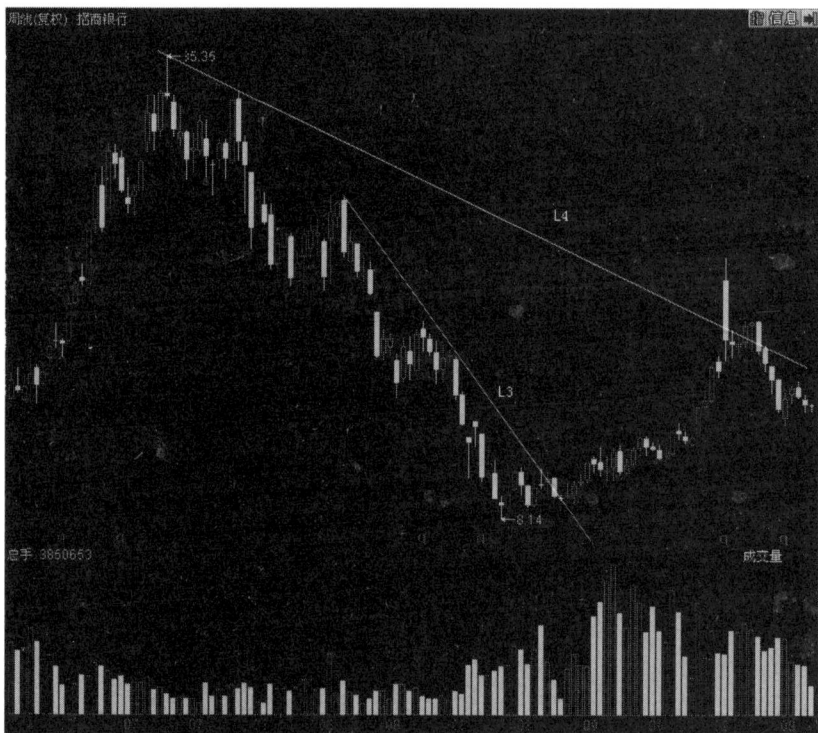

图 4-54　招商银行周线二

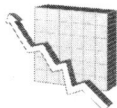

➡ 第二十一节　宝商集团　000796

一、第一阶段

一元钱的股票贵吗？一百元的股票便宜吗？这是一个很难回答的问题。因为股票缺少一个合理的标准来判断它自身的价值，也许你可以找出像市盈率等财务指标作为标准，但是这些标准都很难成为我们炒股赚钱的法宝。熊市的时候各股的市盈率都非常低，你认为捡了便宜买进之后却不断地跌。牛市的时候各个股票都飞上了天，市盈率也都相应的非常高，让你望而却步，但是股价却天天上涨。

虽然不能准确地衡量一只股票的价值，但是很多价值投资者却使用了最"傻"的办法来赚钱，那就是找财务状况好的股票，在市盈率很低的情况下买进，虽然买进之后大部分情况下被套，但是却坚持一路持有，直到赢利之后才卖出。

价值投资这种"傻"办法虽然听起来很美妙，对很多人来说是没办法赚钱的。除了巴菲特用这种办法赚成了股神，你还听说身边谁有靠这种方法赚到了房子和车。

价值投资的最大缺点便是不认识股票的底部和顶部，所以只能使用"傻"办法来守株待兔。而通过技术分析的方法，却能让你有很高的正确率来辨认底部和顶部。

例如，我们私募团队曾经操作过的宝商集团，就是通过技术分析找到底部和顶部来赚取利润的。正确地辨识顶部和底部能让你在操作的时候克服心中的恐惧和贪婪。

从 2001 年 6 月见顶之后，宝商集团一路下跌，在 2002 年和 2004 年分别出现了两次时间持续比较长的反弹，但是力度都不大，成交量变化也不明显。到 2006 年 4 月的时候，股价已经从 2001 年最高点时的 13 元多下跌到了 2 元多。漫长的下跌持续了 5 年左右。

到 2006 年 4 月的时候，我们打开宝商集团的月 K 线图进行分析，发现从 2001 年下跌开始画出的三条在时间上由长到短的下跌趋势线，也是下跌压力线 L1、L2、L3 所指明的，底部最晚出现在即将到来的 5 月份，也就是说，5 月份如果股价继续上涨翻越趋势线，那标志着连续 5 年的下跌趋势将结束，如图 4-55 所示。

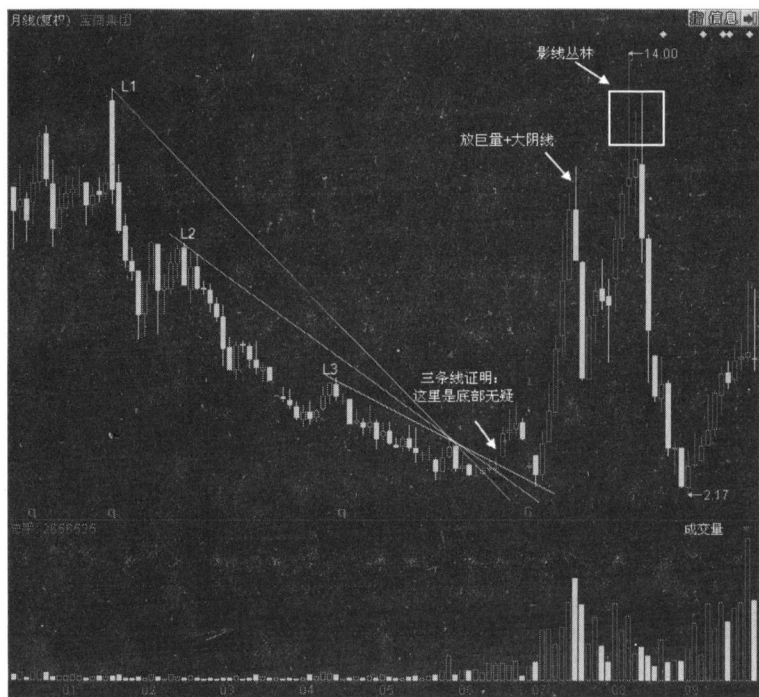

图 4-55　宝商集团月线

2006 年 5 月 17 日，股市开盘后主力少量的资金便把股价封在了涨停板上，次日股价开盘后涨停，但是盘中涨停被打开并放出了巨大的成交量。也就在这一天，我们团队在涨停打开之后大量吸货，帮助主力在收盘的时候将股价继续封死在了涨停板上。

在我们建仓之后股价连续上涨，到了 7 月底，我们的本金已经快翻一倍。但好景不长，随着送股利好消息即将兑现日期的来临，股价到了 8 月份开始下跌。由于对股市转牛和宝商集团良好的预期，我们选择继续持股。

复权之后，股价调整并没有创新低。在一个小价格带中振荡整理之后

再度放量上涨。股价在接近横盘振荡的时候翻越了短期下跌趋势线 L5，在振荡结束之后，主力放量上涨，在周线中出现了放量金大阳翻越 L4 的美好景象，这个时候恰好我们团队又收到了客户新的投资，所以就继续加仓宝商集团，如图 4-56 所示。

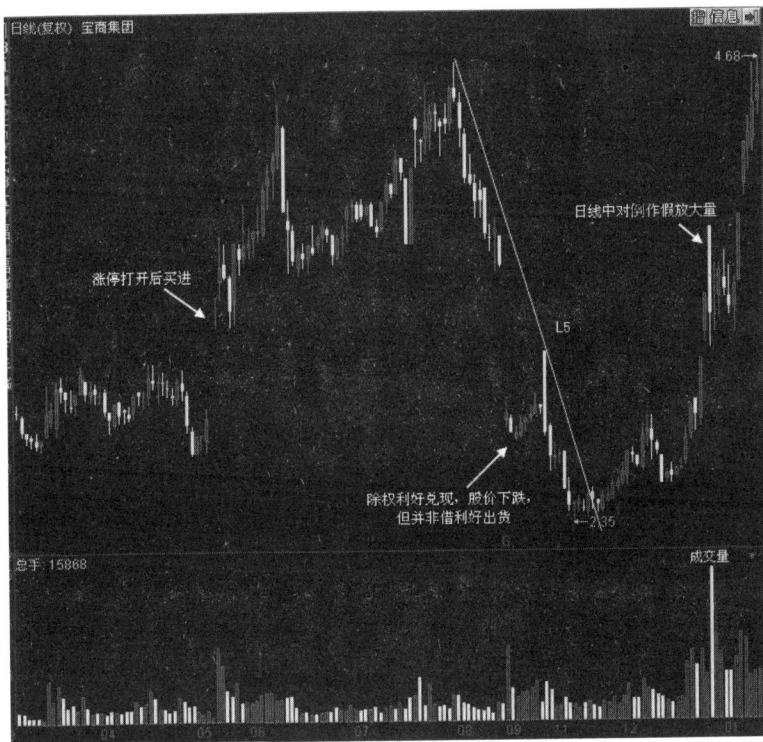

图 4-56　宝商集团日线

二、第二阶段

突破 L4 之后，主力在日线对倒，做出了一根放量的大阴线。一般来说，放量巨量阴线的出现会引起股价调整或是趋势反转，但是在日线中，这种 K 线被主力当作洗盘工具的概率非常大。而这个时候，价格刚刚翻越了压力线，才开始上涨，所以这种洗盘的小伎俩并没有骗过我们，如图 4-56 所示。

　　宝商集团向上压力非常小，到 2007 年 5 月，股价已经飙到了 10 元多，但是 5 月份宝商集团的走势很差，连续的下跌使 5 月月线以一根非常难看的断头大阴线收报。鉴于宝商集团从上涨以来一直没有大的调整，所以在断头大阴线出现之后，我们在股价反弹中将大部分仓位获利了结。

　　7 月、8 月宝商集团在暴跌之后反弹了两个月，但是这两个月的反弹幅度不大，而且成交量也没有有效地放大。出现了反弹缩量，量价背离的见顶信号。9 月股价再度下跌。

　　10 月 30 日，股价缩量涨停，在下跌中缩量涨停是一个非常有效的看涨信号，因为缩量说明空头惜售气氛很浓，紧接着几个交易日股价连续涨停。看来主力手中还有大把的宝商集团的股票没有派给散户，而这个时候如果下跌大家对股价不认同，没有人愿意买进，所以主力只有拉高进行出货。

　　面对这种拉高出货的庄家，我们私募团队一般都会用适当的资金去割肉。在第三个涨停打开的时候，我们再度出击。

　　宝商集团在大盘良好的上涨背景下，到 11 月已经上涨到了 14 元多，我们的本金也再次接近翻倍。但是到了 11 月 5 日，大盘开始下跌。11 月 7 日随着大盘的连续暴跌，宝商集团在日线中拉出了断头大阴线。大盘趋势不明朗，而宝商集团已经再度翻倍，这个时候我们开始大幅减仓。

　　在 2008 年 3 月初，仅有的一点仓位也全部变现。因为这个时候无论从月线还是周线看，都已经是顶部无疑了。月线中 1 月份是见顶十字星，和 2 月份月线的合起来组成了影线丛林。而周线中则是断头大阴线不断，如图 4-57 所示。

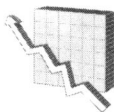

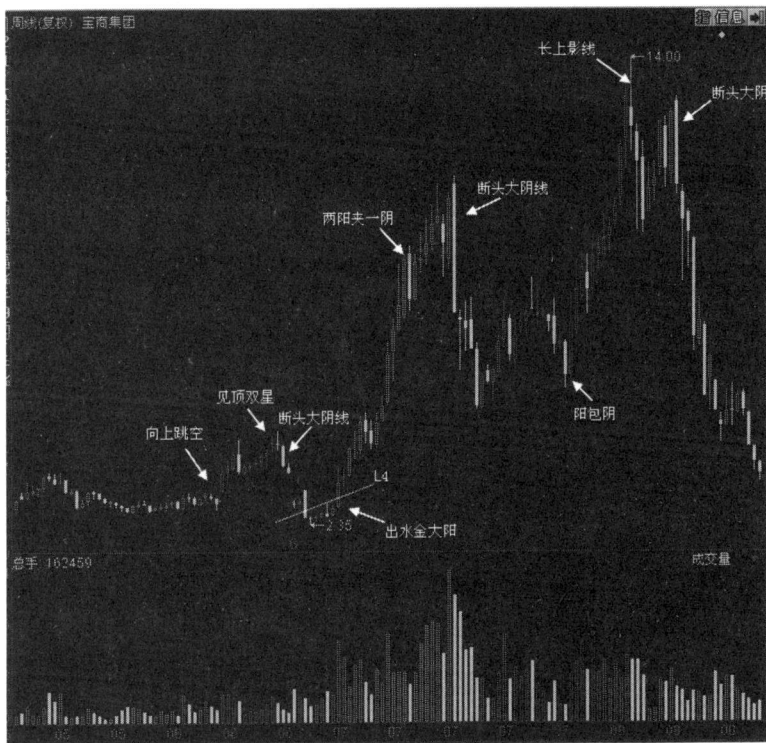

图 4-57 宝商集团周线

➡ 第二十二节 有研硅股 600206

一、第一阶段

炒股票有什么固定的招数吗？现在还没有。我们前面介绍了那么多的实战战法，都不能算是可以应用到每只股票的固定招数。我们在书中反复提醒大家，炒股票只能是使用技术分析的方法来提高自己的胜率。无论如何使用这些技术分析的方法，只要做到了高胜算操盘才能让自己不断地赚钱，也才能让自己的利润滚雪球。

细心的人能够发现，我们在这一章每一个例子的前面都要啰嗦几句关于如何炒股赚钱理念方面的东西，而后介绍给大家我们私募团队真实的实战案例中，很少可以看到使用哪一个固定的实战战法。但是这些实战案例

中却灵活地使用了前面介绍的各种战法。这里我想告诉大家，只有理解了这些实战战法的思想，并且在实战中利用这些思想来指导操作，才能提高胜率，也才能做到高胜算操盘。

下面这个例子中就是灵活地使用了各种战术来指导买进和卖出，最终获得了丰厚利润的。

有研硅股之所以引起我们的注意是因为它从 2000 年 8 月开始下跌，跌幅大，从 24 元多跌到了 2 元多。另外下跌时间很长，2005 年 10 月才止跌，下跌了大约 6 年时间。

在这样长时间、大幅度下跌后，能长期持有有研硅股的投资者估计凤毛麟角。如此下跌，浮筹被洗得一干二净。所以这样的股票如果有庄家在底部建仓（5 元以下），将来拉升起来会很容易。

从长期下跌趋势线看，2005 年 12 月份 L1 被横盘突破，这是一个强有力的买进信号。而 15ma 和 30ma 组成的均线系统出现买进信号发生在 2006 年 1 月底，此时出现了有研硅股放量上涨突破一个小盘整区。到 2 月份，我们团队就用筹集的资金开始建仓有研硅股（如图 4-58 所示）。

有研硅股一直上涨，到了 5 月份，成交量突然放得很大，这个成交量放大区，是多空双方发生激烈争执所导致的。多方不断买进，空方不断卖出，使成交量放大。但最后股价出现了下跌，而下跌必然使在较高位置巨量区交易的投资者被套，巨量说明配套的筹码很多，这些筹码要解套只有用大笔的资金来买进或是进行长时间的调整来让其主动割肉。半年调整之后，2006 年 12 月份股价创出新高，将"铁帽子区"的筹码全部解放。有研硅股的向上空间被打开，开始一路快速飙升。半年后，股价接近 24 元。

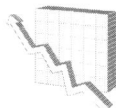

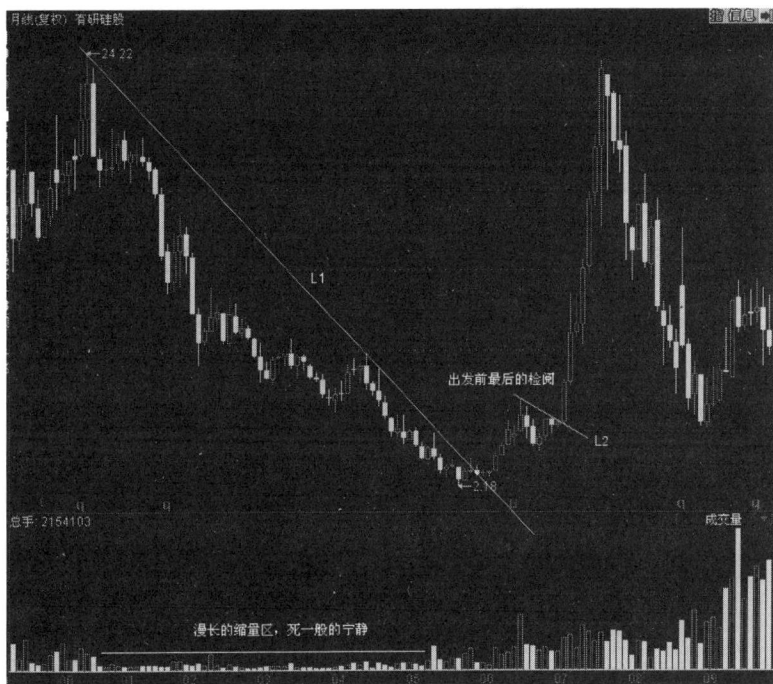

图 4-58　有研硅股月线

二、第二阶段

2007 年 9 月，长期上涨形成的趋势线 L3 被大幅横盘振荡击穿。而之前断头大阴线等顶部 K 线形态频繁出现。这里已经是顶部无疑了，而在均线系统中，死叉信号出现得比较晚，如图 4-59 和图 4-60 所示。

牛市的顶部，有其固定的特征。那就是股价已经连续翻了几倍，这个时候股价开始大幅快速下跌，或是在一个区域连续振荡数月。也就是我们总结出来的"在高位，长时间，大振荡，生顶部"。另外，顶部的时候会出现前面讲到的很多顶部形态的 K 线或 K 线组合。

9 月份我们开始清仓处理手中的有研硅股，到 10 月份全部清理完毕。11 月份由于有研硅股连续下跌，再次产生一个断头大阴线，彻底击穿了高位振荡区。

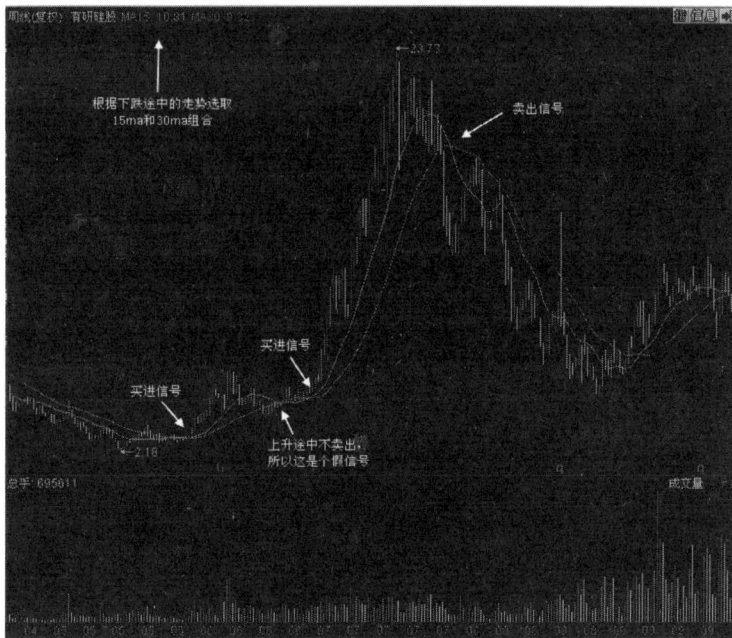

图 4-59　有研硅股周线一

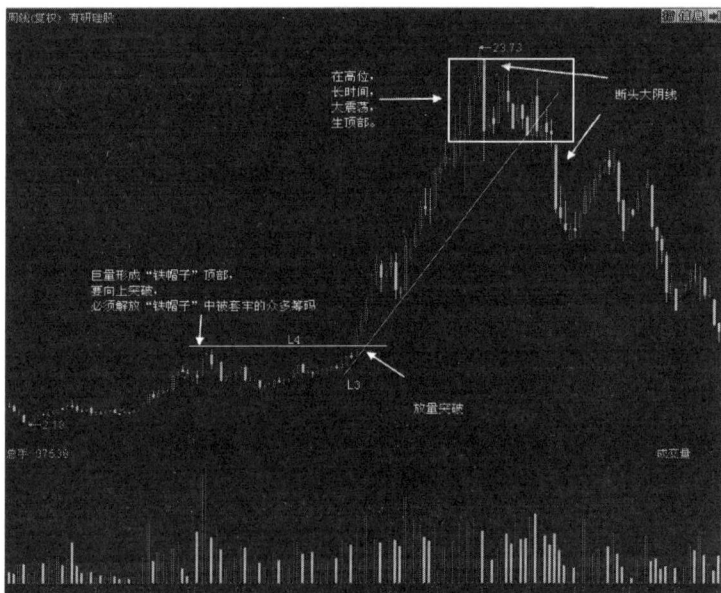

图 4-60　有研硅股周线二

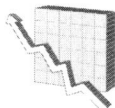

第二十三节 四川路桥 600039

一、第一阶段

本书中反复强调，一定要理解这些实战战法的灵魂和思想，然后灵活地、甚至是创造性地去使用这些战法，来提高炒股票的胜率，让利润最大化。例如，下面介绍到的这个实战例子中，带上影线的 K 线放出了巨量，而这些 K 线有的是大阳线，有的是大阴线，前面讲到的实战战术中似乎没有提及如何分析这种特殊情况的 K 线。而是要理解前面战术的灵魂，学会灵活运用。例如，我们可以把一个带长上影线的大阳线分解成大阳线和上影线来分析问题，大阳线代表和预示着上涨，但是在形成这个带上影线大阳线的过程中，最后阶段空头的抛盘让这根 K 线最终带上了上影线，而之前是风平浪静，空头一直把握大局，另外成交量非常大，说明出来参加战斗的空头和多头都非常多，而之前少量的多头就战胜了空头，可见现在空头的力量增长了需要更多的多头才可以战胜。而和空头的战斗也消耗了多头的力量，空头的力量是不是会在以后继续增加，这个说不清，但是从前面两点来推测，后面股价下跌的可能要比上涨大。当然这样单独地分析一根 K 线比较片面，还需要结合前面的股价走势。

2006 年的牛市行情，由于灵活使用趋势线和 K 线战法，我们私募团队给老板、客户，也给我们自己赚得了大把的财富。在操作四川路桥的过程中，我们就是使用了趋势线和 K 线相结合的战术，最后获得了不错的收益。

四川路桥在经历了长期的下跌之后，股价最低跌到了 1.91 元，随后横盘整理将近一年时间，2006 年 5 月才开始放量突破。而横盘整理使股价翻越了长期下跌形成的趋势线 L1，这里我们开始建仓，并在三个交易日之内达到了目标仓位（如图 4-61 所示）。

2009 年 6 月在周线中出现了巨量的十字星，这种十字星非常可怕，而且带来了很大的成交量，股价短期见顶或是进入调整的可能性很大。所以我们在这里减去了部分仓位，并用这些资金买进了其他股票。7 月份的下跌使四川路桥在月线中出现了巨量的双影线，虽然都收报阳线，但是前面分析过了，这种情况导致股票调整或者下跌的可能性很大。果然，由此四

川路桥开始了 5 个多月的调整，如图 4-62 所示。

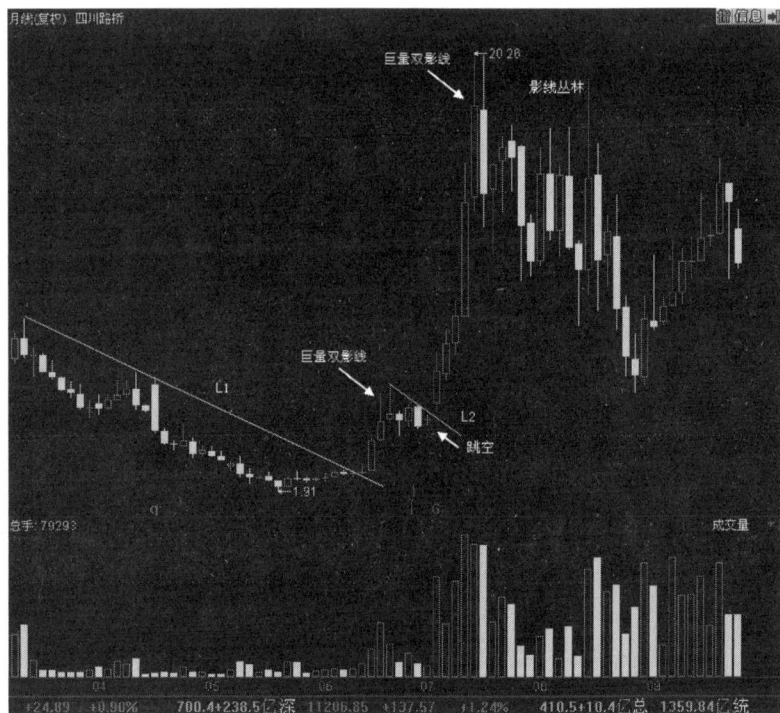

图 4-61　四川路桥月线

2007 年 1 月，主力才放量跳空上涨，拉开了新一轮的上升浪。跳空之后，我们进行了加仓，因为这种跳空行为是一种比较可靠的上涨信号。

二、第二阶段

四川路桥主升浪涨势如虹，到 2007 年 6 月上涨到了 20 多元。股价已经严重泡沫化。这个时候大家都是在"博傻"，心中抱有的希望就是还有比自己更傻的来接盘。但稍有风吹草动，各路资金就会作鸟兽散。

2007 年 6 月第一根周线在股价下跌的推动下收报成一个非常刺眼的顶部铁锤，并且是带有巨量的上影线。这个信号一发出，我们就拼命清空所有仓位。随后周线上又出现了断头大阴线等顶部 K 线。而 5 月和 6 月的月 K 线，收成了见顶的巨量双影线。在反弹中我们清空了仓位。

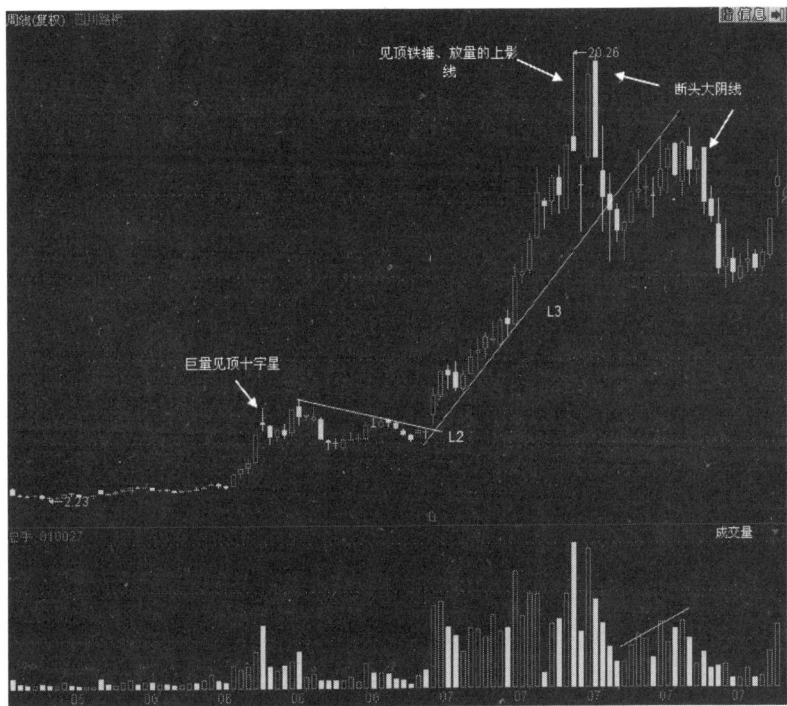

图 4-62 四川路桥周线

　　7 月份，四川路桥主升段形成的上升趋势线 L3 在下跌中被破坏，随后的反弹中 L3 也由以前的支撑线变成了压力线。这波反弹成交量明显萎缩。和之前的成交量相比，发出了量价背离的见顶信号。最后，反弹在周线中以断头大阴线结束，四川路桥开始了残酷的下跌。

第五章

私募大赢家

莎士比亚说"一千个人眼里有一千个哈姆雷特",同样一千个炒股高手有一千种不同的操作方式。我们这只私募团队中的高手虽然各个成绩斐然,但是在实战操作上却都风格迥异。

他们有的喜欢收集、研究各种技术,对股票技术分析如痴如醉;有的将一种技术发挥到了极致,成为自己炒股赚钱的利器;有的在牛市中表现不错,但更善于在熊市中淘金;还有的善于操作庄股,把庄家当自己的肉铺,被我们戏称"庄家割肉机"。

第一节　股痴333

"股痴333"（以下简称"333"）是一个近视眼,长时间的看书和玩电脑,让他的眼睛近视得很严重。从侧面看他的眼镜,就像厚厚的一个啤酒瓶底。他人比较瘦,每次见他都抱着一个 IBM 的笔记本上网,佝偻的身影,死死地盯着电脑屏幕,俨然"呆子"一个。

"333"是我们团队中公认的股票知识专家,从股票在大树下被发明到现在,只要是关于股票的知识,他没有不知道的。"333"来到我们团队之后,用自己的电脑技术帮我们建立了一个公共的"股票技术知识库",在这个库中,我们可以用自己的账户和密码登录,随时查找各种和股票相关的技术知识,非常方便。

"333"收集中外和股票、期货等相关的各种知识,并为此怡然自得。和他在一起工作时间长了,我们都发现了一个规律,每当"333"面带笑容的时候,我们就知道他一定又在哪个网站上发现了什么股票的新东西。他

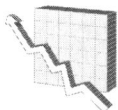

对股票如痴如醉，被我们私下叫"股痴333"。

至于这个称号后的数字333，则和股痴操作过的600073有关。在这只股票上，他取得了惊人的业绩，让我们所有人都对这个"呆子"刮目相看。但是他那结巴的发音和不标准的普通话，在成功操作后的经验讲解会上却当着所有同事的面将600073发成了600333，他当时幽默的一幕记在了所有人的心中，所以股痴之后便被同事们加上了333这组数字。

根据我们团队内部的交易记录，以及和"333"的交流，我将股痴当年操作600073的过程和股痴的一些独到见解呈现给大家。

"333"是在2000年1月4日上海梅林涨停前买进的。据他讲，当年也是他操作我们团队的资金抢掉了卖方所有的筹码将股价打在了涨停上，随后主力抛出大单威胁，他仍然坚持买进。最后在2月17日到22日将所有仓位抛光，短短时间内就翻了三番。作为一个刚进我们私募团队的年轻人，让我们所有的操盘手都刮目相看。

问：你当时是怎么发现上海梅林这只大牛股的？

"333"：当时，我主要从这几个方面考虑才对上海梅林非常关注。

首先，从题材上来说，上海梅林有网络概念可以炒作。当时美国的网络股几乎各个都是大牛股，在全球一体化的大背景下，中国的网络股没有理由不牛。如果你对比中国的上证指数和美国的道琼斯指数，你会发现两者比较相似，这也从一个侧面反映了全球一体化的背景下全球经济的联动性。

其次，从价格上来说，我们看上海梅林的历史价格，从1998年到1999年5.19行情爆发前，上海梅林一直在5元多一点到4元多一点这个区间上蹿下跳，幅度不是很大，这就说明这只股票是一只没被庄家大幅炒作股的"处女股"的可能非常大。

而"5.19"行情之后上海梅林上涨到了8块多，如果庄家在"5.19"行情之前进入，那么从5元的成本区上涨到8元，涨幅不过才60%，这就说明要么这只股票在"5.19"行情之后的一段涨幅是随着市场波动的一段行情，要么就是庄家没有很好的控制筹码，手中的兵将不够多，不能发动一场更大的战役。

再次，从成交量上来说，"5.19"行情之后成交量突然放大，堆出了一个山包似的量堆，但是涨幅却不大，这个地方可以推测是庄家抢筹进入。而之后长达半年时间，上海梅林进入了缩量调整阶段，9 月份之后甚至极度缩量，量能萎缩到了每天换手率不够 0.5%，这往往是一种庄家控盘扎实的表现。

而从时间上说，在中国经济开放的大趋势下，中国股市的流动性无论什么时候都非常充足。没有哪只股票不被炒作。上海梅林没有被大幅炒作已经有一年多的时间了，就像一个妙龄的少女总要出嫁，是一个道理。一只股票也必将被炒作。

在上海梅林翻越长期压力线之后，我便开始准备进入，但是迟迟不见主力发动，直到 2000 年 1 月 4 日主力才露出刀枪上冲。

问：在拉升段，1 月 11 日、12 日都放出了换手率超过 30% 的巨量，似乎只主力的一种出逃或是减仓行为，你怎么看这种巨量行为？

"333"：很多急升的股票都会有这种拉升段放巨量的行为，这很正常，目光远大的庄家很少用这种行为出逃，一般都是拉升出货。

庄家连续拉升之后，短期的获利盘便想获利了结。所以继续上拉压力便会比较大，这个时候庄家一般会选择调整。但是上海梅林这种庄家实力很强，在 11 日和 12 日连续放出换手最高达 40% 多的巨量，只是庄家的一种对倒行为，吓跑不懂的，让心明眼亮的人看到自己的实力，坚定他们继续持股的信心。

问：之后你又是如何准确地判断顶部的？

"333"：2 月 17 日的大阴线换手率高达 25%，而且高看低走，涨停后打开放出巨量。一只股票不可能连续两次使用巨量在不同的部位来洗盘。而且盘中，庄家出货的迹象十分明显。另外从股价上来说，这个时候距离底部已经上涨了近 4 倍，这种巨量使筹码分散，只会产生振荡，而振荡会表现为一个长期的调整或是直接下跌。所以这个时候我选择了出局观望，在这个部位卖掉了所有的上海梅林（如图 5-1 所示为作者对上海梅林的分析图）。

从"333"的"成名"操作可以看出，他对股票量、价、时、空的应用已经到了一种登峰造极的地步。再加上他对股票的痴迷和深刻理解，最终

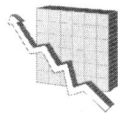

产生了这次几乎完美的操作。

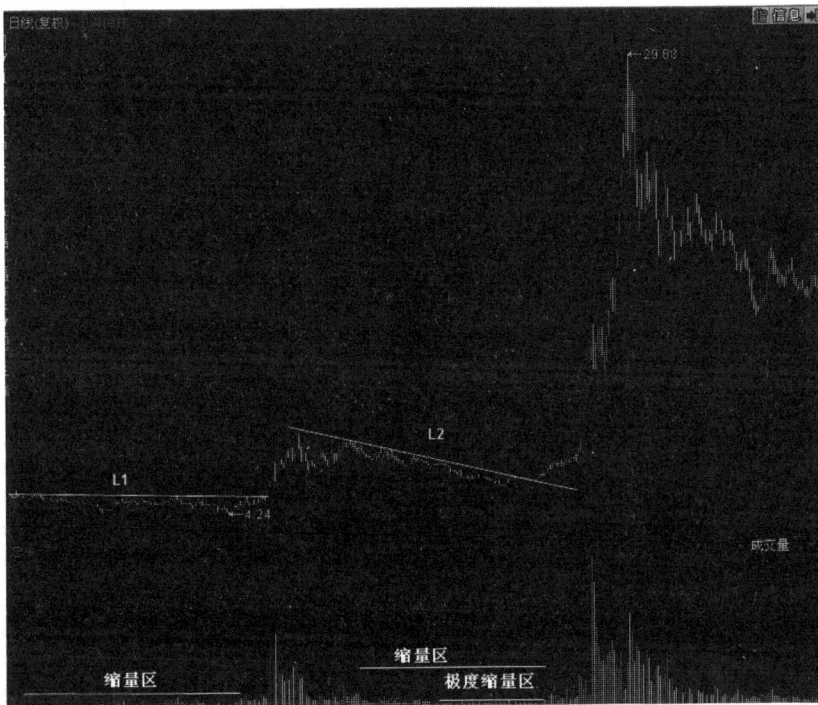

图 5-1　上海梅林日线分析图

➡ 第二节　均线小六

"均线小六"名字中有个"六"字，加上比较年轻，所以我们都习惯地叫他小六，小六炒股的方法很简单，只是用均线进行交易，而且大部分时候是用一条均线进行交易。这里暂且叫他"均线小六"。

使用均线的高手很多，但是他们在交易的时候主要使用自己设定好参数的均线，但也辅助其他技术方法和指标，如成交量、波浪理论等。像小六这样单纯地只使用均线进行交易的职业操盘手非常少见。

使用均线进行交易，最重要的是寻找非常适合的参数，并且适合每一只股票的参数大都不一样。如果不再参考其他技术指标发出的信号，很难

相信他用均线来对市场上数千只股票进行分析，并进行买卖。

小六是个对数字非常敏感的人，朋友们的手机号码他都能随口报出，经常不看炒股软件就可以报出很多只股票前一天的收盘价。据他说，他很容易记住日常生活中的数字，他在炒股的时候，也只是看均线和股票的价格。

翻开我们内部的交易记录后，我就小六给客户炒作操作过的澄星股份和他进行了如下的对话。根据交易记录，我对小六的操作在图上进行了标注，如图 5-2 所示。

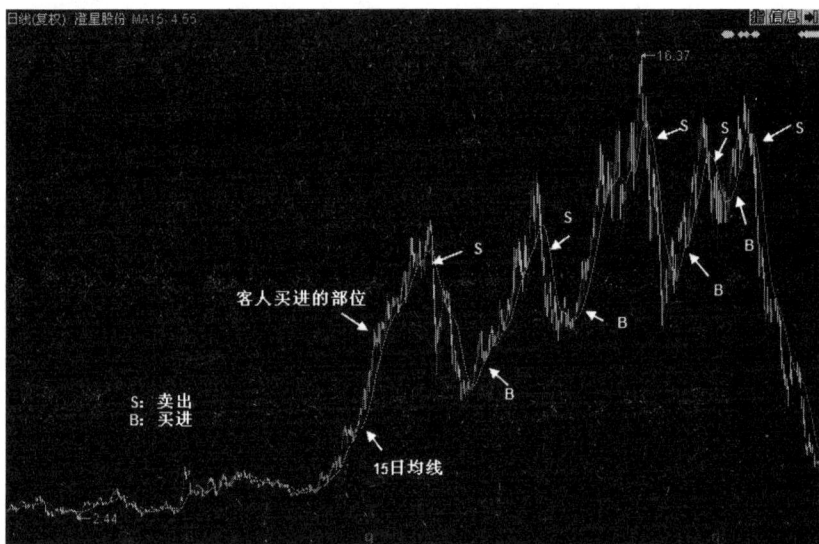

图 5-2　澄星股份日线

问：小六你当年对澄星股份的多次操作都非常成功，请问你用什么方法作出了多次准确的操作？

"小六"：从我对股票有了很好的认识之后，我便形成了自己的交易风格，那就是使用均线进行交易。对澄星股份的操作也不例外，是用 15 日均线作为参考指标。

问：为什么你能够只用均线就能对股票的走势作出如此精确的判断？

"小六"：炒股要把握好趋势，很多股民都知道这个道理，但是究竟什

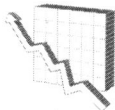

么是趋势，如何把握趋势，很多人却不知道。

当年我在学习炒股的时候也是对趋势一知半解，一直不能够理解趋势的真实含义，也不能够很好地把握趋势，顺势而为进行买卖。后来我偶然使用均线来观察股票的运动，惊奇地发现一条均线可以很好地显示股票的走势，这不就是趋势吗，那个时刻，我觉得自己真正理解了什么叫趋势。用佛教的话说，叫"顿悟"了。

后来用各种不同参数的均线在各种股票上反复摸索，最终我形成了自己的交易风格，现在只使用简单移动平均线来作为参考进行交易。

简单点说，别人看 K 线，我现在基本上只看均线就能进行买卖。而且什么样的走势用什么参数的均线（因为看的股票太多），我现在一眼就可以看出。这些东西在我的脑子中已经成了条件反射。

问：那能不能用我绘制的这张澄星股份的走势图给大家讲解一下你是如何用均线来进行买卖的？

"小六"：可以，你在图上标出来的卖点和买点基本上就是我当年操作的点位。当时这个客户在高位买进澄星股份之后，因为买得多，几乎倾家荡产地想在股市上赌一把，但是买进后又非常害怕，后来熟人介绍我们私募团队，才找到了我们。老板把这个客户的账户转交给我进行操作。

当时翻看了澄星股份的历史走势之后，我选择了 15 日均线，实际操作中我只看 15 日均线，K 线变成了辅助的参考。

选择了 15 日均线，5 月 30 日、31 日的大跌使均线拐头向下，我便卖出股票，6 月初的反弹时间短、幅度不够大，并没有使 15 日均线改变方向。8 月 3 日之后均线才开始真正上拐，我便在大约 6 日左右再次买进。

其他几次也都一样，我都是等 15 日均线明显的上拐或是下拐后才进行操作，所以波段做得不错。

中间有一次失败的操作你在图上没有标注出来，2008 年 2 月 13 日均线拐头向下使我错误地卖出了股票，但是均线很快又拐头向上，我只好追高买进。我的均线操作法不是百分之百可以成功的，也不可能百分之百成功，世界上没有这么完美的炒股方法。但是我的均线炒股法却可以在大部分时候保证赢利，这点对我来说就足够了。

问：能不能讲解一下你是如何选择合适的均线参数的？

"小六"：长期均线比较迟钝，发出信号太慢；短期均线过于敏感，假信号太多。要选择一种合适的均线参数，不仅需要长期的刻苦训练来锻炼一种感觉，还需要那么一点点天分。秘诀我没有，我只能建议大家在 13 到 50 之间寻找合适的参数。

小六炒股只看均线，简单而且有效。均线是几天收盘价的平均，最后表现在走势图上就成了一条波折前行的线，如果我们在这根线上的每次转向处买进或是卖出就能够获利的话，那这真是一根银线，但是股价的不同波动却让这根线产生了很多假信号，诱骗我们在上涨时卖出，在下跌时买进。看来要利用好均线，看似简单，实际确因为假信号变得很苦难，或许我们只有像小六说得那样需要刻苦的努力外加一点点天分才能用好这根银线。

⇒ 第三节　量能博士

量能博士其实不是博士，他上大学的时候学了一个不喜欢的专业，但是学习成绩还可以，毕业的时候被导师看中，留他读硕博连读。按照他的说法，如果当初继续留在学校，现在早就是博士毕业了。后来这位仁兄大学本科毕业之后去一家公司干一份和大学专业相关的工作，但是他实在不喜欢这行，后来就自己边上班边钻研股票，逐渐在这一行小有成就，三十不到便在杭州有车有房。后来一个偶然的机会，加入了我们这个私募团队。

量能博士为人开朗，一次给我们讲了他没读博士的经历之后，有些"嫉妒"的家伙便开始喊他博士，加上他在团队中喜欢使用成交量推测股票走势，于是被称为量能博士。

量能博士人如其名，对成交量颇有研究。下面是就成交量方面的问题，与他的对话。

问：博士你好，我想请教你一些成交量的问题，众所周知你是我们团队中对成交量最有见解的权威，能不能给我讲解一下成交量方面都有哪些规律？

量能博士：权威不敢当，你们股票都操作得很好，我也要向你们学习。

172

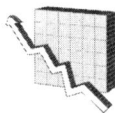

　　成交量方面最权威的老师还是道氏理论。就我们中国这种人为操作严重的股票市场来说，成交量一般有这样的一些规律。

　　第一、上涨的时候放量，这也符合道氏理论。伴随着股价的上升，获利盘需要获利了结，造成的抛压必然需要人来接，这样股价才不至于被压下来。

　　第二、股价在越过关键压力线的时候往往需要在短暂的几天之内放出比较大的成交量才能实现突破。比如深长城这只股票（如图5-3所示），在突破2006年7月到11月间形成的趋势线（L1）时，短短几天的换手率就有20%之多，而之后在突破7月份的最高点（L2）时，换手率更大。像趋势线这种东西很多人都画，原来不存在的东西画得人多了就变成真的了，于是很多人按照趋势线来操作，所以股价要翻越趋势线，改变趋势，你就得吃掉那些按照趋势线操作，抛下来的单子，这个时候庄家就要放量，要不就只能继续让股价沿着趋势走。像7月份形成的那个最高点有不少套牢盘，另外股价要涨上去创新高，势必有些筹码会对创新高不信任，在此前期高点附近平仓，所以在最高点这个位置的抛压是比较大的，这个时候庄家要拉高股价只有放量上涨，别无选择。

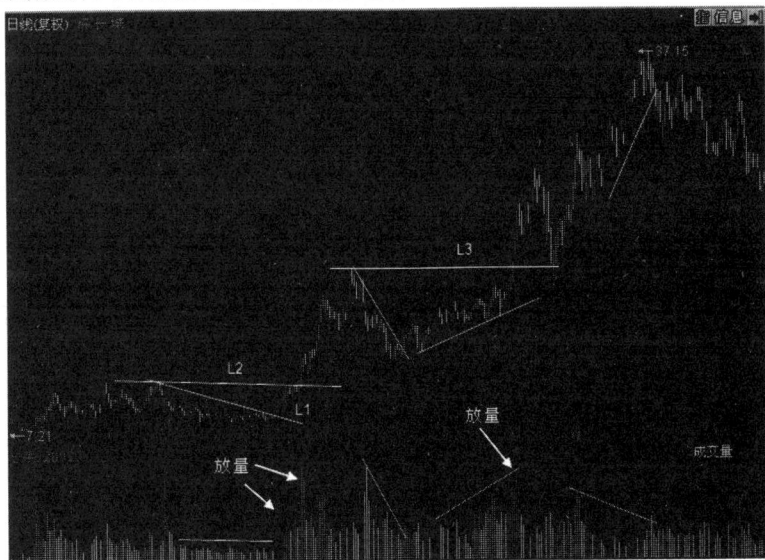

图5-3　深长城日线

第三、股票快到顶部的时候一般会出现量价背离，这个时候股价不停地涨，而成交量却不见放大。这是因为股价过高，场外的观众对这个股价不认同，不进场参与。但是持有股票的人却热情高涨，坚持认为这只股票还会涨，不愿卖出手中的筹码，有些高控盘的庄股，把股价拉得过高之后没人接盘，这也是量价背离的一个原因。

第四、调整或是下跌的时候一般股价会较同期有所下降。

成交量的规律还很多，但是主要就这些，讲起来很简单，要在实际中不断揣摩才能真正领悟其要领。

问：那庄股的成交量有什么特点？

量能博士：我不是怎么太关注一只股票中是不是有庄，因为一般的股票，参与交易的人很多，有散户、大户、基金等，这些力量相互作用，最后产生了股票的涨跌。所以一只股票中有没有庄，这并不是炒股必须知道的。我看成交量炒股，从来不关心庄家是不是在这只股票中存在。

问：那你如何通过成交量来判断大牛股？我知道你成功操作了很多大牛股。

量能博士：有的大牛股会在一个窄小的价格带持续运行很长时间，这个时候的成交量一般都不是很大，换手率5%以下的天数非常多，但上涨初期，换手率会更低，有的股票甚至出现0.5%以下的换手率，而且会持续一个月左右，这种股票从成交量这个特征看，成为牛股的可能性很大。

问：那如何通过成交量来判断庄家是在出货还是在洗盘？

量能博士：我前面已经强调过了，我并不喜欢寻找庄家来炒股票。一般来说，股票上涨前筹码会集中，股票下跌前筹码会趋于分散。在熊市中，短期游资，或是突然进入的小股资金很难改变一只股票随大盘下跌的大趋势，这种股票伴随着这些资金的进入会短期上涨，在上涨过程中一旦放大量就要小心。而牛市中只有在高位股价大幅振荡，并且之前成交量曾经萎缩，此时才要多多注意。

而股价下跌的时候如果缩量，每天的换手率保持在3%以下，这个时候洗盘的可能就很大。此时是多方面的力量都不愿意卖出手中的筹码，场外还有人在不断地收集筹码，这个时候成交量虽然很低，股价还在不停地往下走，

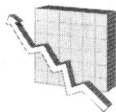

但是筹码却比原来越集中。股价下跌也和一部分主力故意打压有关。

当然，判断出货还是洗盘还要结合股价的历史走势图来判断，不能断章取义。

量能博士是团队的中坚，不仅在量能方面颇有建树，对于技术分析的其他方法，也都应用熟练。量能博士曾经成功操作了古越龙山、上海汽车、宝钢股份等多只股票，精湛的技艺，让我们团队的每一个人都叹为观止，心中暗暗敬佩。

⇒ 第四节　熊市专家

技术分析的高手一般都能够很精准地推测大盘的走势，绝大部分高手都是在牛市的时候投入全部的资金，熊市的时候休息。我们团队中的这些高手也都这样，到了熊市整天都是打麻将、钓鱼、赛车或是旅游，很少有人愿意在熊市中投入资金来操作。

但是我们团队中的一位美女却是个例外，她不仅牛市的时候业绩不错，而且熊市的时候更是能发现大黑马，取得骄人的业绩，称得上是一位熊市专家。不过我们平时并不把她叫什么专家，因为这位美女长着一双水灵灵的大眼睛，平时被我们称作"灵儿"。

据说，灵儿当年炒股遇到了大熊市，赔了不少钱。但赔了钱的灵儿并没有气馁，不服输的她走遍全国，拜访了很多传说中的股市高手。后来灵儿在股票市场遇到了他现在的老公后情况才有所转变。他白手起家，三十岁刚过就坐进了大户室，灵儿在认识他之后学到了很多股票技术，开始由亏损转变为赢利，后来加上自己的不断摸索，也成了一位高手，尤其是善于在熊市发现黑马。

问：我们大家都知道你是熊市专家，请问你是如何在熊市中发现黑马股的？

灵儿：专家不敢当，熊市中哪只股票是黑马股其实大家都看得到，只是大熊市大盘每天都下跌，让很多人都对市场失去了信心，让很多人都不敢去碰股票。

问：那你能不能具体讲解一下你是如何在熊市中大胆买进黑马股的，是什么给了你信心让你去交易？

灵儿：熊市中大盘天天跌，很多股票都跟着大盘下跌。而熊市中的黑马股之所以被称作黑马股，就是因为它逆市上涨。别的股票都在跌，而它却在涨，这就是熊市中黑马股最大的特点。逆势上涨的股票，不一定都是好股票，但是在熊市中敢于长时间逆势上涨的股票，一定是熊市中的黑马股。

问：能不能给我们举个例子来说明你的观点？

灵儿：比如我曾经操作过的苏宁电器这只股票，上市之后，苏宁电器就被市场所追捧。从走势图（如图 5-4 和图 5-5 所示）上我们可以看到，如果把上证指数和苏宁电器相叠加，上证指数从 1 496.21 点一直下跌到 998 点，其中每一次上涨都是反弹，而同期，苏宁电器却沿着趋势线不跌反涨。熊市之中不跌反涨的股票还能是什么，只能被称作黑马股。

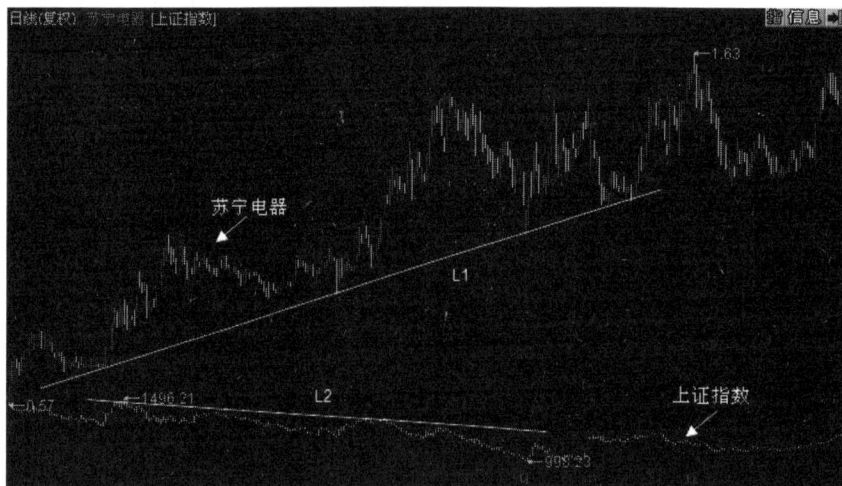

图 5-4　苏宁电器和上证指数走势背离图

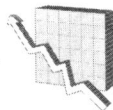

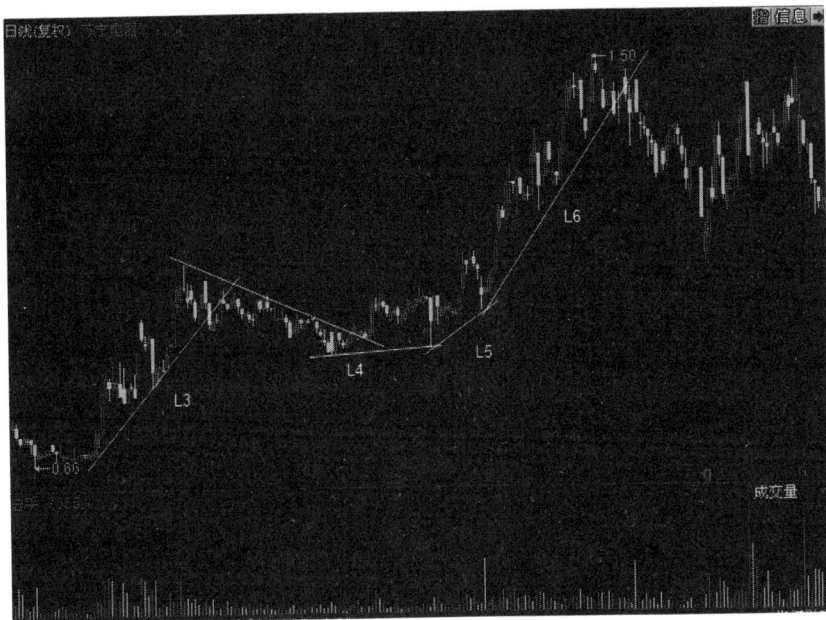

图 5-5 苏宁电器日线

问：苏宁电器是深圳股票交易市场的股票，为什么你在叠加指数的时候选择了上证指数？

灵儿：这是因为上证指数更具代表性，而且深圳和上海两地的走势大致相同，所以我一般选择上证指数和个股作对比。

问：能不能给我们详细讲解一下你是如何操作苏宁电器的？

灵儿：2004 年八九月间，苏宁电器开始缩量盘整，这个时候的苏宁电器每天的换手率大都在 1%以下，而且波动非常小，每天的振幅不超过 2%，并且走势表现为横盘状，这种情况持续了一个月左右，而这个时候大盘却在下跌。这种和大盘走势不同的现象引起了我的关注，因为历史上很多黑马股都是这样走出来的。

大盘反弹的时候苏宁电器开始放量上攻，上证指数在 1 400 点附近见顶后苏宁电器作了短暂的调整之后继续上攻，这个时候我第一次重仓买进苏宁电器，苏宁电器 10 月底短期见顶之后，进行了两个多月的缩量洗盘，股价下跌了 20%之多，而在调整之前，在苏宁电器跌破上升趋势线 L3 的

时候，我抛出了手中的股票。次年 1 月 10 日换手率 3%轻松越过了调整形成的趋势线 L0，3%的换手并不是很大，但是这个时候大盘并没有明显的反弹，苏宁电器的这次异动再次坚定了我的信心，我开始第二次买进。大盘在我买进之后仍然是阴雨连绵，而苏宁电器却小幅上涨，我也逐步加仓。苏宁电器再次上涨了 50%左右后又见顶，跌破了上升形成的趋势线，这个时候我也出局观望，再次等待机会。

看来，灵儿能成为熊市专家，不仅是像她说的那样要敢于在熊市中买进逆市上涨的股票，她在操作苏宁电器的过程中，对技术分析中的趋势线技术的娴熟应用，以及精彩的分析和讲解让人感觉到她炒股功底非常扎实。

➡ 第五节　庄家割肉机

庄家割肉机是我们这个私募团队操盘手中的大哥大。

我们平时都喊他老王，老王并不老，他平时工作时不怎么爱说话，性格属于非常沉稳的类型，所以我们都喊他老王。老王平时看盘时非常认真，操作电脑飞快。老王长期在我们这只私募的所有操盘手中的成绩排第一位，是老板的金牌操盘手。老王的最大特点是善于操作庄股，看过他交易记录的同事，都私下把他称作"庄家割肉机"，看来他在庄股上的战绩斐然。

问：你在炒股方面是我们的前辈，你操作庄股非常厉害，能不能给我们讲解一下你是如何在这么多股票中分辨庄股的？

老王：前辈我不敢当，庄股其实并不是很难辨认，如果你炒股时间长了，翻看的股票多了，哪只股票有人坐庄，庄家实力如何，是非常好辨别的。

问：具体怎么辨别？庄股和其他股票有什么区别？

老王：辨认庄股最重要的是平时多看盘，多观察分时中的动向。因为庄家建仓的时候总想要便宜的筹码，所以就会找机会打压股价。这一点在分时中多表现为在卖盘上挂大单，等快交易的时候又突然消失，以及制造较大的假外盘等。

主力吃进筹码的时候在 K 线图上经常会出现我们常说的红肥绿瘦的情况。主力在交易清淡时吸筹虽然尽量避免引起大家的关注，动作非常的隐

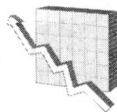

秘，但是连续暗吞筹码后，K线上就会出现一连串的小阳线，中间夹杂着几个小阴线，而且阳线明显放量，阴线则缩量，这就是我们说的红肥绿瘦。

在拉升前庄家经常有试盘动作，表现在关键的阻力位突然放量上拉，但是如果抛压很重的话，就会放弃继续上拉。这就是我们在K线图上看到的在横盘调整阶段，某一天突然放出一根比较大的量柱。

另外，庄股有明显的逆市而动的特征。我们知道大盘中大部分股票都是共涨共跌，但是庄股却经常能够在大家都跌的时候涨，大家都涨的时候跌。这种特征越明显，就越能说明庄家的实力强劲。

问：能不能给我们讲讲你当年成功操作庄股600737，也就是现在改名后的中粮屯河？

老王：1999年上半年，整个600737的走势都和大盘相背离，这个时候的大盘在1300点附近几次反弹，但总体走势略微下降，而600737这个时候却逆市而动，走势明显强于大盘。而且从1998年下半年开始，这只股票在盘中吸筹的迹象非常明显，而且操作手法单一，明显是一个庄家的几个相同的操盘手在操作。

1998年短暂上涨之后，1999年开始进入了调整区，这个时候每天的成交量都很低，换手率多数时候在1%之下。2000年1月底股价开始再次下跌，这个时候突然进来比较大的资金，将这些恐慌的卖盘一并吃掉。这是后主力开始随着转好的大盘开始拉升股价，我也就在这个位置买进，翻了三倍之后600737开始大幅振荡，我就减仓，最后迟迟见调整不结束，我就在11元附近全部清仓，如图5-6所示。

而2002年后与大盘相背的行情我也进行了少量的参与，当股价在2003年11月再次盘整的时候我出掉了手中的筹码，因为这个地方振荡得极其不自然，而且看综合2002年初的上涨走势，上涨的角度越来越小，实质是主力逐渐减仓，而且股价过高之后很少有人再来参与，造成上涨动力的不足。

600737后来的跳水行情成为股市永远的经典，很多股民损失惨重，如图5-7所示。

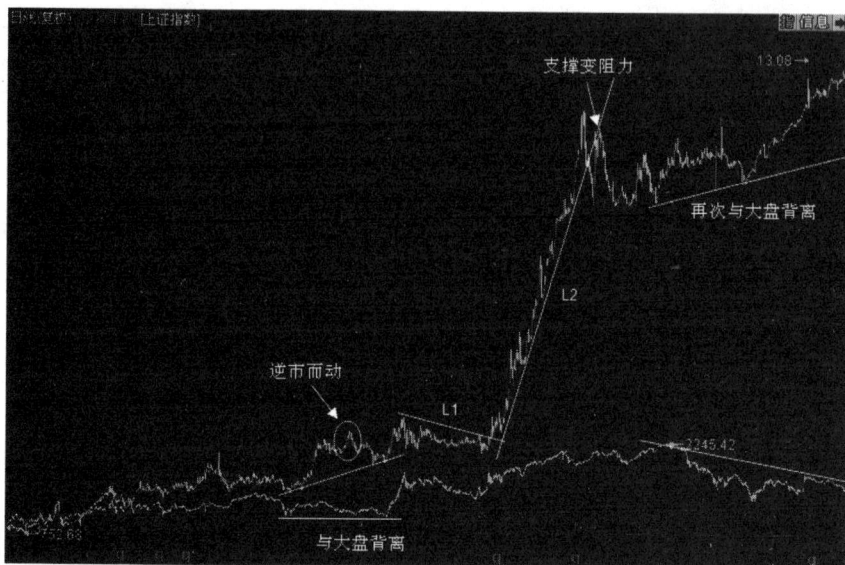

图 5-6　中粮屯河日线一

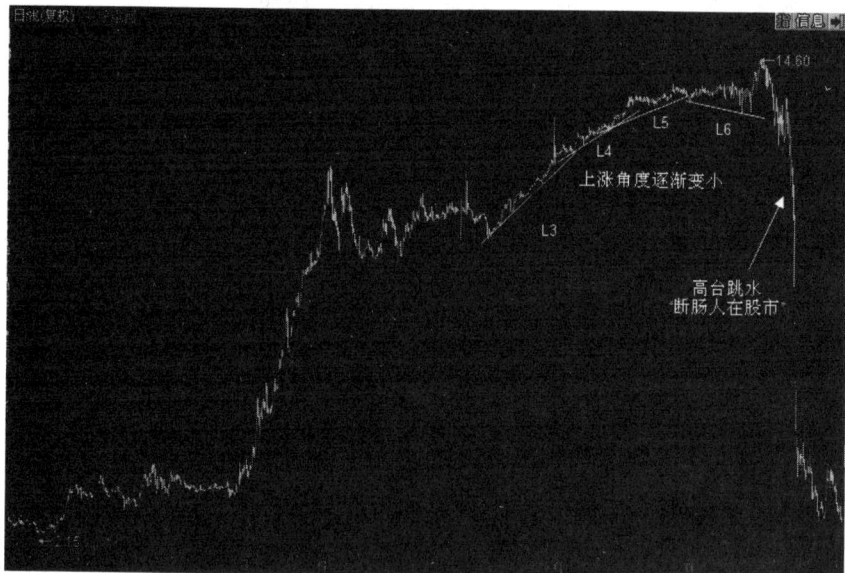

图 5-7　中粮屯河日线二

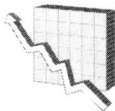

最后，老王还告诉我，要在炒股上成功和做其他事情是一个道理，那就是要勤学苦练。

600737 这只当年德隆系的老三股，在庄家的控制下，利用中国股市的漏洞，创造了神话，但最终也以高台跳水结束，很多股民因此血本无归，在多次跌停之后仍然等待反弹，不知道止损的重要性。炒股，是一场残酷无情的博弈，如果要在股市中获得成功，就必须有一身过硬的炒股功夫，而要获得这身本领，就像老王说的那样，只有勤学苦练。

第六节　老板

老板就是我们这个私募的老板，并不是绰号。

如果说庄家割肉机、量能博士等是股市中的顶尖高手，那么我们老板就是我们这个私募团队中的武林盟主。

老板对股票很有见地，虽然不是炒股的高手，但他却领导了一批一流的操盘手，甚至连有个坐大户室股市高手老公的熊市专家灵儿都情愿和老板合作，给老板打工。老板有他高明的地方，他能够知人善用，善于为客户着想，很多操盘手和客户都非常乐意和老板合作，而且是慕名而来。

在成立这个私募之前，当年老板像很多浙江人一样走南闯北，在北方一个偏僻的省会城市做生意赚了不少钱，之后回到了浙江老家寻找机会，老板发现自己周围有很多同乡都和他一样，在外地做生意赚了钱之后回到浙江寻找机会，但是浙江的机会并不是很多，而大家带回来的大笔资金都在浙江民间流动。这个时候老板在一个偶然的机会碰到了一个当地炒股票比较厉害的高手，在别人的介绍下，老板开始让这位高手用自己的一些钱来炒股票，利润四六分。在那个高手的帮助下，老板小赚了一笔。这次赚钱让老板茅塞顿开。

从那之后老板便萌生了代客理财的念头，他一方面在各地寻找操盘手，一方面动用自己的关系寻找闲置的资金。经过短短几年的发展，老板成立的私募已经有过亿的资金和数十位水平高超的操盘手。但是老板并不满足现状，他常说，中国的金融业才刚刚起步，中国的私募小荷才露尖尖角。

问：和公募基金相比，私募基金有什么优势？

老板：私募基金比较灵活，可以将自己独特的理念在基金的运作中表现出来。我运作这个团队，最重要的理念就是让所有优秀的操盘手按照自己的风格来操作，让他们将自己的优点最大限度地发挥出来。像他们这样短线操作，在公募基金中是不可能的，公募基金受到的限制和监管比较多。

比如有个公募基金在大盘 5 000 元多点的时候一口气募集到了 400 多亿的资金，按照公募基金的运作流程，他们必须用 60% 的资金去买股票，你想想他们能赚多少。但是私募就不一样，可以在大盘风险太高的时候不去参与。

当然，私募一般入门费都是 100 万元，这一点也会限制私募的发展，而公募几千块都可以买。

问：您刚才提到，最重要的理念就是让操盘手在团队中发挥自己最大的优势，能详细解释一下您的这种理念吗？

老板：我们团队中的这些操盘手都对股票有自己独特的见解和不同风格的操作手法，这些操盘手的操盘风格虽然不同，但是他们都有良好和稳定的业绩，给他们每个人一部分资金让他们进行操作，会带来良好的收益。所以，私募的最大特点是让操盘手给客户赚钱，最大的优势就是发挥每个优秀操盘手的特长。

问：您如何看待中国股市的未来？

老板：中国经济欣欣向荣，将来有极大的可能成为世界上最大的经济体。实体经济的繁荣必然带来股市的繁荣。现在股市上众多的公司必然随着中国国家的整体发展变大，而未来更多公司上市融资将会进一步让中国上市公司的队伍和实力变得非常强大。股市虽然不停地涨跌波动，但是整体上还是围绕着自身价值上下波动，所以中国股市会随着上市公司价值的增加而变得更大，未来上证指数 10 000 点是迟早的事情。

问：老板，中国股市未来必然变得十分强大，那么像我们这样的私募团队如何随着中国股市的强大来发展？

老板：我们这样的私募团队，募集资金的渠道太少，我们不能够在公开场所进行任何营销行为，这就从根本上限制了我们的发展，使我们不得不提高入门费，而 100 万元的门槛把民间众多的资金挡在了门外，使我们

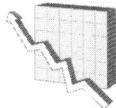

成了富人的私募。我们这样的私募要发展，还需要国家出台更多的优惠政策。

老板最近几年喜欢和高手切磋各种技术分析的手法，尤其是在波浪理论方面进行了深入的研究，并小有成就，在我们谈话结束的时候，老板向我展示了上证指数的全景图，如图 5-8 所示。

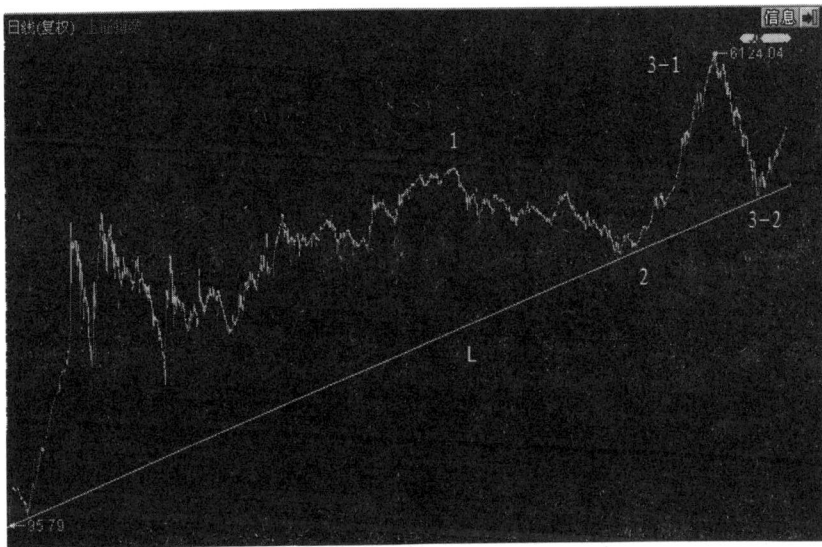

图 5-8　上证指数日线

这幅图是对数坐标下的上证指数的全景图，图中上证指数沿着上升趋势线 L 曲折向上，老板告诉我，未来的三浪三，是每个股民都赚钱的黄金时代。

企业管理出版社读者俱乐部反馈卡

完整填写本反馈卡将可免费加入企业管理出版社读者俱乐部并可享受以下服务：

1. 将会收到我们定期用电子邮件发送的新书信息及部分图书连载内容
2. 每月新增会员中抽取 10 名获奖者，每人赠送最新出版图书 1 本
3. 参加出版社定期举办的各种活动

个人资料

姓名：_____ 性别：□男 □女 年龄：_____ E-mail：_____

联系电话：_____ 传真：_____ 手机：_____

就职单位及部门：_____ 职务：_____

通讯地址：_____ 邮政编码：_____

单位情况

1. 单位类型：

□国有企事业 　　　□私营企业 　　　□政府机构 　　　□股份制企业

□外资企业（含合资） 　□集体所有制企业 　□其他（请写出）_____

2. 单位所属行业：

□食品/饮料/酿酒 　　□批发/零售/餐饮 　　□旅游/娱乐/饭店

□政府机构 　　　　□制造业 　　　　□公用事业 　　□金融/证券/保险

□农业 　　　　　　□多元化企业 　　□信息/互联网服务 　□房地产/建筑业

□咨询业 　　　　　□电子/通讯/邮电 　□其他（请写出）_____

3. 单位规模：

_____人

关于书籍

1. 您购买的图书书名：_____ISBN：_____

2. 您是通过何种渠道了解到本书的？

    □报刊杂志　　□电视台、电台　　□书店广告　　□朋友推荐　　□其他_____

    您对本书的评价：

    内容　　　　□好　　　　　　□一般　　　　□较差

    编排　　　　□易于阅读　　　□一般　　　　□不好阅读

    封面　　　　□好　　　　　　□一般　　　　□较差

3. 您在何处购买的本书？

    □书店　　　□网络　　　□机场　　　□超市　　　□其他_____

    您所关注的图书领域是：

    □投资理财　□人力资源　□销售/营销　□财务会计　□管理学与实务　□其他_____

    您愿意以何种方式获得我们相关图书的信息？

    □电子邮件　　　□宣传单页　　　□书目　　　□试读本　　　□样书

4. 如果您希望我们发送新书信息给您公司的负责人，请注明所推荐人的：

    姓名_____　　职务_____　　电话_____

    地址_____　　邮件_____

本表可通过传真、电子邮件等方式反馈，联系方式如下：

联系人：李靖

地址：北京市海淀区紫竹院南路 17 号企业管理出版社第三图书编辑部　　邮编：100048

电话：010-68701891

传真：010-68701661

电子邮箱：　e68701891@sohu.com

登记表电子版下载请登录：http://www.emph.cn 或发邮件索取